Cómo leer
el Evangelio de san

Lucas

Los pobres construyen
la nueva historia

Colección

Cómo leer LA BIBLIA

COMO LEER EL CANTAR DE LOS CANTARES
Ivo Storniolo - Euclides M. Balancin, 1a. reimpr.

COMO LEER EL EVANGELIO DE MATEO
Ivo Storniolo, 1a. ed.

COMO LEER EL EVANGELIO DE MARCOS
Euclides M. Balancin, 1a. reimpr.

COMO LEER EL LIBRO DE AGEO
Marc Girard, 1a. ed.

COMO LEER EL LIBRO DE AMÓS
Euclides M. Balancin - Ivo Storniolo, 2a. ed.

CÓMO LEER EL LIBRO DE HABACUC
Euclides M. Balancin - Ivo Storniolo, 1a. ed.

COMO LEER EL LIBRO DE JOB
Ivo Storniolo, 1a. ed.

COMO LEER EL LIBRO DE JONAS
Euclides M. Balancin - Ivo Storniolo, 2a. ed.

COMO LEER EL LIBRO DE LOS PROVERBIOS
Ivo Storniolo, 1a. ed.

COMO LEER EL LIBRO DE LOS SALMOS
Marc Girard, 1a. reimpr.

COMO LEER EL LIBRO DE MIQUEAS
Euclides M. Balancin - Ivo Storniolo, 2a. ed.

COMO LEER EL LIBRO DE RUT
Carlos Mesters, 1a. ed.

COMO LEER EL LIBRO DE SOFONIAS
Euclides M. Balancin - Ivo Storniolo, 1a. ed.

COMO LEER EL LIBRO DEL DEUTERONOMIO
Ivo Storniolo, 1a. reimpr.

COMO LEER EL LIBRO DEL ÉXODO
Euclides M. Balancin - Ivo Storniolo, 2a. ed.

COMO LEER EL LIBRO DEL ECLESIASTES
Euclides M. Balancin - Ivo Storniolo, 2a. ed.

COMO LEER EL LIBRO DEL GENESIS
Euclides M. Balancin - Ivo Storniolo, 2a. ed.

CÓMO LEER LA CARTA A LOS FILIPENSES
José Bortolini, 1a. reimpr.

COMO LEER LA CARTA A LOS GALATAS
José Bortolini, 1a. reimpr.

COMO LEER LA PRIMERA CARTA A LOS CORINTIOS
José Bortolini, 1a. ed.

COMO LEER LA PRIMERA CARTA A LOS TESALONICENSES
José Bortolini, 1a. ed.

COMO LEER LA SEGUNDA CARTA A LOS CORINTIOS
José Bortolini, 1a. ed.

COMO LEER LA SEGUNDA CARTA A LOS TESALONICENSES
José Bortolini, 2a. ed.

COMO LEER LOS HECHOS DE LOS APÓSTOLES
Ivo Storniolo, 1a. ed.

COMO LEER LOS LIBROS DE LOS REYES
Ivo Storniolo, 2a. ed.

COMO LEER LOS LIBROS DE SAMUEL
Euclides M. Balancin - Ivo Storniolo, 2a. ed.

COMO LEER EL EVANGELIO DE LUCAS
Ivo Storniolo, 1a. reimpr.

Ivo Storniolo

Cómo leer el Evangelio de san Lucas

Lucas

Los pobres construyen la nueva historia

SAN PABLO

Título original
Comoo ler o Evangelo de Lucas

Título traducido
Cómo leer el Evangelio de Lucas

Autor
Ivo Storniolo

Traducción
José Guillermo Ramírez

Rua Francisco Cruz, 229, Vila Mariana
04117-091 São Paulo, SP - Brasil

Impresor
Sociedad de San Pablo
Calle 170 No. 23-31
Bogotá, D. C. - Colombia

ISBN
958-607-821-3

1a. reimpresión, 2002
Queda hecho el depósito legal según
Ley 44 de 1993 y Decreto 460 de 1995

Carrera 46 No. 22A-90
Tel.: 3682099 - *Fax:* 2444383
Barrio Quintaparedes
E-mail: sp_diredit@epmbog.net

Distribución: Departamento de Ventas
Calle 18 No. 69-67
PBX: 4114011
Fax: 4114000 - A.A. 080152
E-mail: spdircom@col1.telecom.com.co

BOGOTÁ, D.C. - COLOMBIA

"COMO LEER LA BIBLIA"

> "...Y he aquí que un etíope eunuco, alto funcionario de Candace, reina de los etíopes, que estaba a cargo de todos sus tesoros, y había venido a adorar a Jerusalén, regresaba sentado en su carro, leyendo al profeta Isaías. El Espíritu le dijo a Felipe: 'Acércate y ponte junto a ese carro'. Felipe corrió hasta él y le oyó leer al profeta Isaías; y le dijo: '¿Entiendes lo que vas leyendo?'. El le contestó: '¿Cómo lo puedo entender si nadie me hace de guía?'. Y rogó a Felipe que subiese y se sentase con él.
>
> ...Entonces el eunuco preguntó a Felipe: 'Te ruego que me digas de quién dice esto el profeta: ¿De sí mismo o de otro?'. Felipe, entonces, partiendo de ese texto de la Escritura, se puso a anunciarle la Buena Nueva de Jesús" (Hch 8, 27-31. 34-35).

La serie "Cómo leer la Biblia" es simple y osada al mismo tiempo. Simple, porque no pretende ser un comentario a cada uno de los libros de la Biblia, sino una clave de lectura, una especie de lectura que nos ayude a enfocar bien, en su conjunto, uno o más libros de la Biblia. Pero es también osada, porque estimula a leer los textos con los pies en el suelo de la existencia, sin perder nunca de vista los anhelos de vida y libertad de nuestro pueblo.

No tenemos la pretensión de ser como Felipe, pues la Biblia no pertenece a los estudiosos sino al pueblo. Nuestra tarea es la de aproximarnos al pueblo, sentarnos junto a él, escucharlo, preguntarle e indicar posibles caminos de comprensión. Por eso nos atrevimos a sintetizar, en un subtítulo, el posible eje sobre el cual gira el libro en cuestión.

Estos folletos los preparamos para las personas que se reúnen en torno a la Biblia, hecho que nos indica la presencia del Espíritu en nuestra marcha. Como el etíope que regresa a la casa, el pueblo busca hoy el modo adecuado de encarnar la Biblia en la vida y en la sociedad. Justamente nuestro esfuerzo es el de ayudarle a entender lo que está leyendo, mientras prosigue su viaje en la esperanza y la alegría (Hch 8, 39). Por eso, estos folletos parten siempre de la situación que los vio nacer y abren pistas para su comprensión en el hoy de nuestra marcha.

Esperamos que esta serie traiga nuevas luces para las personas de las comunidades y haga resonar una vez más la alabanza de Jesús: *"Yo te bendigo, Padre, Señor del cielo y de la tierra, porque has ocultado estas cosas a sabios e inteligentes y se las has revelado a los pequeños. Sí, Padre, pues tal ha sido tu beneplácito"* (Mt 11, 25-26).

Observación: El material de este libro fue inicialmente pensado y presentado para círculos bíblicos en el semanario BIBLIA-GENTE. En la presente edición se conservó su forma original, con las revisiones y repeticiones correspondientes a la periodicidad del semanario, destinado a la lectura y reflexión en grupos. Nuestro deseo es que el libro se entienda y se utilice de la misma manera.

LA EDITORIAL

1
LA OBRA DE LUCAS

Cuando uno viaja a un país desconocido, se prepara siempre: consigue algunas direcciones, informaciones y mapas que le ayuden a situarse y orientarse dentro de ese país. Al comenzar la lectura del tercer Evangelio también necesitamos algunas informaciones que nos orienten a lo largo del camino: ¿Cuál es la forma, el contenido y la finalidad de este Evangelio? ¿Quién es su autor y para quién escribió? ¿Cuál es la novedad (Evangelio) que pretende contar?

Una obra en dos volúmenes

Al estudiar el tercer Evangelio debemos, ante todo, tener en cuenta que es sólo la *primera parte* de una obra que fue pensada y debe leerse como un todo; su continuación es el libro de los Hechos de los apóstoles (comparar Lc 1, 1-4 con Hch 1, 1-8). El Evangelio presenta el camino de Jesús, los Hechos presentan el camino de la Iglesia, y juntos forman el camino de la salvación. En el centro de todo tenemos la ciudad de Jerusalén, punto de llegada del camino de Jesús, y punto de partida del camino de la Iglesia, que continúa la misión de Jesús hasta los confines del mundo (Hch 1, 8).

Para presentar la historia de la salvación

¿Qué pretendía el autor con esta obra en dos volúmenes? Si leemos Lucas 16, 16, percibimos de inmediato que él quería ofrecer a sus destinatarios una visión completa de cómo la salvación que Dios ofrece se manifiesta y se realiza en la historia. Dice: "La Ley y los Profetas llegan hasta Juan; desde ahí comienza a anunciarse la Buena Nueva del Reino de Dios y todos se esfuerzan por entrar en él". De esta afirmación podemos deducir que el autor divide la intervención salvadora de Dios en tres grandes etapas:

– *El tiempo del Antiguo Testamento* (Ley y Profetas era un modo de referirse a todo el AT), que llega hasta la actividad de Juan el Bautista. Este es el tiempo de Israel, el pueblo de la antigua alianza, al cual Dios reveló su voluntad y proyecto a través del Espíritu profético;

– *el tiempo de Jesús,* o tiempo del Reino, que abarca todas las palabras, acciones y vida de Jesús, culmina con su muerte y resurrección. Aquí se realiza todo lo que el pueblo de Dios esperaba: Dios manifiesta enteramente su proyecto de salvación a través de la acción y de la palabra de Jesús; el Espíritu de Dios está concentrado en Jesús como fuerza que revela y concreta el Reino de Dios en los límites geográficos de Palestina, dentro de su pueblo;

– *el tiempo de la Iglesia,* cuando el Espíritu de Dios que estaba presente en Jesús es entregado a la comunidad que lo había acompañado. Después de la muerte y glorificación de Jesús, la comunidad recibe la fuerza del Espíritu de Dios y de Jesús, para continuar la acción y la palabra de El en el mundo entero, en todos los tiempos y lugares. A esta acción de la Iglesia le consagró el autor todo el libro de los Hechos.

En esquema tendríamos:

AT	JESUS	IGLESIA
promesa y espera del Reino	llegada y concreción del Reino	difusión del Reino en el mundo entero

El gran paso

Mirando el contenido de los dos volúmenes escritos por el tercer evangelista, podemos valorar el gran paso que dio él. Este paso ya había sido comenzado por el apóstol Pablo, cuando, frente al rechazo de los judíos, salió a anunciar el Evangelio a los paganos: Jesús se encarnaba y actuaba entre otros pueblos. Ahora bien, el tercer evangelista, después de Pablo, llevó adelante este mismo plan, y su obra atestigua que el Reino de Dios y su anuncio no han de encerrarse en el mundo de Palestina, sino que deben difundirse por el mundo entero, encarnándose en los diversos pueblos y culturas.

Un biblista afirmó que el tercer evangelista había sido el fundador de la Iglesia católica. Y con razón, pues la palabra "católica" significa universal, abierta a todos. Por eso el tercer evangelista siempre omite o explica los pormenores y costumbres de los judíos. El escribe para paganos, que no están en condiciones de entender el mundo judío.

El autor

¿Quién está detrás de éste que es el mayor conjunto de escritos del Nuevo Testamento? Desde el siglo II, el testimonio de la Iglesia es unánime en afirmar que el autor es Lucas. En los escritos de Pablo encontramos este nombre citado tres veces: Col 4, 14; 2Tm 4, 11; Flm 24. Lucas sería "el querido médico" que acompañaba a Pablo en sus viajes y que estuvo preso con él durante las persecuciones. Una confirmación de esto la encontramos en el libro de los Hechos, en el que comienza, en un determinado momento, a usar el "nosotros", lo que nos lleva a suponer que él acompañaba a Pablo en los viajes (ver Hch 16, 10-17; 20, 5-15; 21, 1-18; 27, 1-28, 16).

Por tanto, Lucas era una persona de cierta posición (médico), que conocía muy bien la lengua griega y escribía principalmente para el pueblo de lengua griega. Algunos afirman que era griego y que escribió su obra en Antioquía de Siria, entre los años 80 y 90 dC.

Los destinatarios

Lucas dedicó su libro a un cierto Teófilo (Lc 1, 3; Hch 1, 1-2), seguramente una persona de posición, un mecenas de influencia que habría patrocinado la producción y difusión de la obra de Lucas, según la costumbre de la época.

Sin embargo, sólo leyendo la obra de Lucas veremos quiénes son los verdaderos destinatarios. Lucas tiene una gran preocupación social y dedica mucha atención a las personas. Su preferencia está siempre de parte de los pobres, los humildes y los pequeños, y principalmente los marginados, los pecadores públicos y las mujeres —estas últimas tan ausentes de la vida social en el mundo palestino. Como veremos, Lucas quiere hacer ver que Jesús vino para ellos y les trajo la justicia y la liberación. No para que ellos simplemente se acomoden en la sociedad y en la historia donde están. No. Jesús vino a liberarlos para que construyan una nueva sociedad y una nueva historia, donde la justicia produzca el compartir y la fraternidad, de modo que todos puedan tener acceso a la libertad y a la vida. ¡Son los pobres, los marginados y los derrotados quienes construirán el futuro!

Para reflexionar en grupos

1. ¿Por qué el tercer Evangelio no puede leerse solo?
2. ¿Qué pretendía mostrar Lucas al escribir una obra en dos volúmenes?
3. Pablo y Lucas dieron un gran paso, ¿cuál fue y cuáles son sus consecuencias?
4. ¿Cómo podemos saber que Lucas es el autor del tercer Evangelio y del libro de los Hechos?
5. ¿Quiénes son los destinatarios de la obra de Lucas y qué pretendía él decirles? ¿Qué consecuencias tiene esto para la vida de nuestra comunidad?

2
MAPA DEL EVANGELIO DE LUCAS

Nos resulta más fácil conocer una región desconocida si tenemos un mapa que nos oriente respecto a los puntos más importantes. Lo mismo sucede con los libros. Si tenemos un mapa que nos muestre la estructura y los temas más importantes de un libro, fácilmente comprenderemos lo que quiere transmitir el autor. Por eso presentamos ahora la estructura fundamental del Evangelio de Lucas.

Plan de Lucas

Prólogo (1, 1-4): Presenta el método y la intención del evangelista. El investigó la vida de Jesús consultando a los testigos oculares y a los predicadores del Evangelio, para hacer una narración ordenada de la catequesis de la Iglesia primitiva.

El texto del Evangelio se divide en dos grandes conjuntos:

I. Preparación (1, 5-4, 13): Revelación del misterio de Jesús

Lucas presenta en este conjunto las bases sobre las cuales se asienta la vida de Jesús. Estas bases permiten al lector comprender el misterio profundo de la persona de Jesús, que se revelará después, a través de su palabra y acción. Tenemos aquí dos partes:

1. Dos infancias (1, 5-2, 52): Juan el Bautista y Jesús

No se trata de historia propiamente dicha. Mezclando datos históricos y alusiones al Antiguo Testamento, Lucas produce una narración de tipo profético, que muestra la misión de Juan y la de Jesús. Juan es el último profeta, que anuncia el nacimiento de la era mesiánica (1, 76-77). Jesús es el Mesías prometido, el Hijo de Dios que vino a traer el Reino para todos (1, 32-33; 2, 29-31). Con la excepción de 1, 39-56; 2, 22-27 y 2, 41-51, los textos sobre Juan y Jesús corren en perfecto paralelo. Lucas quiere hacer ver la superioridad de Jesús.

2. Preparación de la misión de Jesús (3, 1-4, 13)

Como profeta-heraldo de la era mesiánica, Juan el Bautista prepara a las multitudes para acoger a Jesús (3, 1-20). En la línea de los profetas, él anuncia la llegada de Jesús y del Reino, y exige la conversión. Pero Juan no es el Mesías.

Jesús se prepara para la misión (3, 21-4, 13). En el bautismo recibe el Espíritu Santo, que lo consagra para la realeza, como el Rey-Mesías, el Hijo de Dios. La genealogía muestra que Jesús es Hijo de Dios y de la humanidad, y que vino a realizar una misión universal: traer vida a todos, haciéndolos hijos de Dios. La superación de las tentaciones que afligen a la humanidad y la desfiguran, muestra que Jesús podrá, con su palabra y su acción, inaugurar una nueva historia y una nueva sociedad, donde la justicia que Dios quiere traerá libertad y vida para todos.

II. Realización (4, 14-24, 53): La actividad liberadora de Jesús

En este segundo conjunto Lucas presenta la palabra y la acción, el ejemplo y el testimonio de Jesús, primero entre todo el pueblo, después entre los discípulos, y finalmente delante de los poderosos, con todas sus consecuencias: prisión, condena, tortura, muerte, resurrección y gloria junto al Padre.

Aunque conoce poco y mal la geografía de Palestina (este evangelista no vivió allí), Lucas sigue un plan geográfico y construye una especie de geografía social y "teológica". En este conjunto encontramos tres partes:

1. En Galilea: Jesús en la periferia del pueblo (4, 14-9, 50)

Galilea era la región más despreciable; su pueblo era considerado por las autoridades como ignorante, marginal y pecador. Allí es donde Jesús anuncia la palabra y realiza la acción liberadora al realizar signos que indican la transformación de la realidad (14 de los 18 milagros de este Evangelio están en esta parte). El resultado es doble: *el pueblo* reconoce a Jesús como el gran profeta que ha traído la visita de Dios a su pueblo (7, 16); *los discípulos* poco a poco van percibiendo el misterio de Jesús: El es el Mesías de Dios (9, 20).

2. De viaje hacia Jerusalén: de la periferia hacia el centro (9, 51-19, 28)

Es la parte más original de Lucas, a la cual consagra diez capítulos, mientras que Marcos solamente uno y Mateo dos. Se trata de una gran catequesis para quienes quieren seguir el camino de Jesús, y preparar el camino de los discípulos y de la Iglesia después de la Pascua. Toda esta parte está vuelta hacia el misterio pascual: en 9, 31 se hablaba del "éxodo" de Jesús y, en la cruz, tenemos el desenlace de la liberación: *"Padre, en tus manos encomiendo mi espíritu"* (23, 46). La marcha hacia Jerusalén es, por lo tanto, la marcha de la liberación, tanto para Jesús como para todos los que lo siguen.

3. En Jerusalén: enfrentamiento con los poderosos (19, 29-24, 53)

En la ciudad capital es donde reside el centro de los poderes económico, político, social y religioso, lo mismo que la élite de los poderosos que controlan y determinan la suerte del pueblo. Jesús se enfrenta con los poderes y sufre las consecuencias de toda su vida, entregada a la causa del pueblo. Esta parte puede dividirse en tres:

a. Enfrentamiento con las estructuras y poderes de la ciudad (19, 29-21, 38)

Jesús denuncia las estructuras injustas, y lucha contra ellas y contra los que las mantienen, explotando y oprimiendo al pueblo, reduciéndolo a la miseria. Jesús anuncia el fin de Jerusalén.

b. Consecuencias del enfrentamiento (22-23)

La osadía de la acción popular de Jesús y de su enfrentamiento con las estructuras y poderes injustos tiene un precio alto: Jesús es apresado y juzgado, y, bajo la acusación de subversivo y rebelde, recibe la sentencia de muerte.

c. La gloria de Jesús (24)

Pero Jesús no se queda muerto. El domingo, el "día del Señor", resucita y se manifiesta en los caminos de la humanidad a los apóstoles que continuarán su misión. Y Jesús vuelve al Padre, como Mesías-Rey, Señor de la humanidad y del universo.

Para reflexionar en grupos:

1. Hojear el Evangelio de Lucas, siguiendo el esquema presentado arriba.
2. *Actividad*: hacer un cartel para que el grupo pueda visualizar todo el Evangelio de Lucas.
3. *Tarea*: solo o en grupo, leer el Evangelio de Lucas con la ayuda de este esquema.
4. El mapa o el plan de este Evangelio, ¿qué te sugiere para la reflexión y la acción de nuestra comunidad?

3
EL ANUNCIO DE LA NUEVA HISTORIA
(1, 1-38)

Con Juan el Bautista y Jesús nace la nueva historia para los pobres y oprimidos. Esta historia es una respuesta al ruego y a la esperanza de los pobres, quienes suplican pidiendo la justicia. Lo más importante es que esta historia nueva, marcada por la gracia de la justicia, por la paz y por la vida, nace entre los pobres, fieles a Dios y a su proyecto que busca la liberación de todos. Juan el Bautista es el profeta que anuncia esta nueva era, y Jesús, el Mesías y el Hijo de Dios, es su realizador.

Método e intención de Lucas
(1, 1-4)

Como los escritores griegos de su tiempo, Lucas comienza el Evangelio con un prólogo en donde explica su método e intención. Como pertenecía a la segunda generación cristiana, tuvo que recurrir a la investigación, al examen de documentos ya escritos, a la consulta de los apóstoles (testigos oculares) y de los evangelizadores que vinieron después (predicadores de la Palabra), a fin de escribir las tradiciones sobre Jesús (Evangelio) y sobre la Iglesia naciente (Hechos). Quería hacer una *narración bien ordenada,* es decir, didáctica, meditada y coherente. Su obra fue dedicada a Teófilo, una persona de posición que, según la costumbre, habría patrocinado y habría de difundir los escritos. La intención última de Lucas era confirmar la enseñanza (catequesis) de la Iglesia naciente.

Dios responde a la súplica de los pobres...
(1, 5-25)

Este Evangelio comienza y termina en el Templo (24, 53), pues allí era donde el pueblo fiel se reunía para suplicar, agradecer y alabar a Dios. Es el tiempo del rey Herodes el Grande (37 aC - 4 dC), cuyo reino incluía a Judea, Samaria, Idumea y Galilea. Como Abrahán y Sara (Gn 18), Zacarías e Isabel eran ancianos, y ella, estéril. Representan así al pueblo de Dios, al "resto" justo y fiel que esperaba la liberación (So 3, 12). Ellos son el pueblo pobre que, sin poder recurrir a nadie más, depende de Dios y de su proyecto para vivir.

Zacarías e Isabel eran de familias sacerdotales, familias numerosas que raramente podían servir en el Templo. Zacarías es favorecido por la suerte, entra en el santuario para ofrecer incienso, y allí tiene una visión. El ángel Gabriel *(= Dios es fuerte)* es el mensajero del tiempo de la salvación (Dn 9, 21-27), y trae el mensaje con el que comienza el Evangelio (= *buena noticia:* 1, 19).

El anuncio es que Dios va a atender la petición de Zacarías (=Dios se acuerda) e Isabel tendrá un hijo que será llamado Juan (=Yavé se compadece), que traerá alegría para Zacarías y mucha gente. ¿Por qué? El ángel explica: el niño será *"grande delante del Señor"*, es decir, será enteramente consagrado al servicio de Dios, como los antiguos ascetas (no beberá bebidas fuertes; Nm 6, 3-4). Como Jeremías (Jr 1, 55), desde el seno materno recibirá el Espíritu Santo para realizar una misión profética: anunciar la conversión. *"A muchos de los hijos de Israel los convertirá al Señor su Dios"*. Será como el profeta Elías, cuyo retorno todos esperaban pues él prepararía la era mesiánica (Ml 3, 23-24). Juan, por lo tanto, será el nuevo Elías para preparar para el Señor Jesús *"un pueblo bien dispuesto"* a acoger al Mesías que trae la armonía (padres e hijos) y el discernimiento de la justicia que lleva a la vida (sabiduría de los justos).

Zacarías duda y pide una señal, pero el ángel lo castiga por no creer: quedará mudo hasta que todo se cumpla. Cuando sale del santuario, la gente comprende que tuvo una visión. Después vuelve a casa, fuera de Jerusalén, y pronto Isabel queda encinta. La exclamación de ella es la misma del pueblo pobre, porque la esterilidad era considerada como una humillación pública (Gn 30, 23) o un castigo (Lv 20, 20-21). Es la figura del pueblo pobre que no tiene más salida que confiar en que la intervención de Dios lo liberará de la humillación en la que vive, como si fuera un castigo de Dios. Punto importante: a través del mismo pueblo pobre es como Dios actúa, y lo prepara para el tiempo de la liberación y de la vida.

...y les envía su Hijo como Mesías
(1, 26-38)

Paralelo al anuncio del nacimiento de Juan, tenemos el de Jesús, pero destacando su superioridad. La escena es diferente: una casa en Nazaret, insignificante aldea de Galilea. Jesús va a nacer en medio del pueblo pobre. El mismo ángel Gabriel saluda con el anuncio de la llegada de la era mesiánica (So 3, 14-17). María se turba. El ángel le explica: ella concebirá y tendrá un hijo, y le dará el nombre de Jesús (=Yavé salva; ver Is 7, 14). Y ahora viene el misterio de Jesús: El es el Mesías, que Israel llamaba hijo adoptivo de Dios, y que heredará el trono del rey David (2S 7 e Is 9, 5-6). En otras palabras, el Mesías esperado nace de los pobres y, a través de la práctica de la justicia, liberará al pueblo para la era de prosperidad y de paz (Is 11, 1-9 y Sal 72).

María pone una dificultad: ¿Cómo será esto? Ella está casada, pero, según la costumbre, todavía no vive con su esposo. Esto le da al ángel la ocasión de profundizar más en el misterio de Jesús. Ella concebirá por obra del Espíritu Santo, fuente de vida, que va a descender sobre María, y el poder del Dios Altísimo, que realiza los milagros, la cubrirá con su sombra, como la nube que manifestaba la presencia de Dios en el santuario del desierto (Ex 40, 34-35). Por eso Jesús no será hijo de Dios por adopción, como los reyes de Israel. El será Santo, es decir, enteramente consagrado a Dios, porque será el mismo Hijo Dios. Este es el punto culminante de todo el anuncio: Jesús es el Mesías, el mismo Hijo de Dios, que traerá la salvación.

Los versículos 36-37 traen la señal que confirma el mensaje: Isabel también ha concebido, a pesar de su edad y esterilidad, pues "*¡Para Dios nada es imposible!*" (Gn 18, 14). De hecho, ¿quién de nosotros, ante la situación de la mayor parte del pueblo pobre, podría siquiera imaginar que en medio de este pueblo es donde Dios suscita el anuncio de una nueva era (Juan el Bautista) y, más aún, la realización de esta era de justicia y paz (Jesús), para que todos tengan vida? Pero la Biblia atestigua que Dios está con los pobres, y, respondiendo a la súplica de ellos, hace brotar de su propio seno la salvación esperada: Jesús = Yavé salva.

A pesar de que la escena no está directamente interesada en la persona de María, sus palabras finales muestran la actitud que todos nosotros debemos tener en relación con Dios: *"He aquí la esclava del Señor. Hágase en mí según tu palabra"*. Todos debemos ser instrumentos dóciles en la mano de Dios, a fin de que El pueda realizar la salvación que tanto esperamos.

Para reflexionar en grupos

1. ¿Cuál es la intención de Lucas al escribir su Evangelio?
2. *Actividad:* Hacer un cartel con la comparación del anuncio del nacimiento de Juan con el de Jesús. ¿Cuáles son las semejanzas y cuáles las diferencias?
3. Juan el Bautista es el anunciador del tiempo de salvación de los pobres. ¿Tendremos nosotros la misma misión? ¿Cómo realizarla?
4. ¿Cómo podemos tener la misma disponibilidad de María sin enorgullecernos de ser instrumentos de Dios?
5. ¿Creemos que a través de los pobres de hoy es como Dios anuncia y realiza la liberación para todos?

4
LOS POBRES RECONOCEN LA ACCION DE DIOS
(1, 39-80)

El anuncio de la nueva historia alegra a los pobres, porque ellos necesitan la acción de Dios para encontrar la justicia que los libere, la vida a que tanto aspiran. De inmediato se vuelven solidarios, y reconocen, dentro de su entrega, la acción de Dios mismo, que realiza la justicia invirtiendo las situaciones. Con el nacimiento del heraldo de Jesús, la alegría aumenta y hace que los pobres alaben a Dios reconociendo su misericordia y su fidelidad a la alianza hecha con el pueblo para siempre.

Los pobres se solidarizan
(1, 39-45)

Movida por la disponibilidad y la solidaridad, María viaja hasta una ciudad de Judá —a unos 160 kms— para ayudar a su prima anciana que está en avanzado estado de gravidez. Allí se realiza el encuentro de dos madres y, dentro de él, el encuentro de dos niños que también se reconocen.

Todavía en el seno materno, Juan recibe el Espíritu Santo (cumplimiento de 1, 15), y ya comienza la misión de señalar al Mesías esperado (ver el Jn 1, 26 y 36). Movida por el Espíritu, Isabel profetiza, reconociendo el secreto que tiene lugar en el cuerpo y en la vida de

María. Ella es la madre del Mesías, el Señor (título divino). Por eso elogia la gran fe de María, llamándola bendita entre todas las mujeres. El v. 56 recuerda a 2S 6, 2-11: María se quedó con Isabel tres meses (hasta el parto), así como el arca de la Alianza, signo de la presencia de Dios, estuvo tres meses en la casa de Obededom. Con Jesús en su seno, María es el Arca de la Nueva Alianza.

Los pobres reconocen la acción de Dios
(1, 46-55)

El cántico de María (Magnificat) tiene muchas reminiscencias del Antiguo Testamento, y sigue de cerca al cántico de Ana (1S 2, 1-10). Lucas ciertamente utilizó aquí un Salmo de los "pobres de Yavé", el resto del pueblo fiel que permaneció humildemente abierto a Dios (So 2, 3; 3, 11-13).

En representación de todos los pobres que esperan la salvación, María reconoce y se alegra con la grandeza de Dios (1, 46-47; Ha 3, 18). ¿Por qué? Porque ha mirado la humillación de su pueblo pobre, y ha venido a liberarlo a la vista de todos (1, 48; 1S 1, 11). En efecto, la mayor gloria y testimonio de la santidad y de la misericordia de Dios es que El se una a los pobres y asuma su situación, con el fin de liberarlos y así dar eficacia a la lucha de ellos (1, 49-50; Dt 10, 21; Sal 103, 17). ¿Cómo realiza esto? Por medio de la fuerza de la justicia, que invierte las situaciones sociales para crear un nuevo tipo de relación entre las personas y las estructuras que los explotan y oprimen (1, 51-53; 1S 2, 7-8; Sal 107, 9). Esta es la forma de actuar de Dios, y también será la forma de actuar de Jesús, porque la verdadera justicia es defender al pobre y al débil contra las personas y las estructuras que los explotan y los oprimen. En esto se reconoce la misericordia y la fidelidad de Dios para con el pueblo que le teme y sirve, acordándose de la alianza que había hecho con Abrahán, el padre del pueblo de Dios (1, 54-55; Gn 17, 7).

El cántico de María está entre el tiempo de la espera (Antiguo Testamento) y el tiempo de la realización (Nuevo Testamento), y atestigua la alegría de los pobres que esperan y confían en la acción de Dios. Pero Dios también espera que los pobres aprendan con El y se dispongan a volverse instrumentos suyos para que El realice la historia de la justicia que libera. Como decía Tagore: "La historia de la humanidad espera con paciencia el triunfo del hombre humillado".

"Pues, ¿qué será de este niño?"
(1, 57-66)

El nacimiento de Juan cumple el mensaje del ángel (1, 20), y el término de la gravidez de Isabel marca también el final del tiempo de la espera de la salvación. La alegría de los vecinos y parientes es un eco de 1, 14. La circuncisión se hacía ocho días después del nacimiento (Gn 17, 12); en esta ocasión se daba el nombre al niño y se hacía una fiesta con los parientes y vecinos. La insistencia en el nombre de Juan es para marcar el tiempo de la gracia y de la misericordia que va a comenzar, pues Juan significa "Yavé se compadece". De hecho, Juan será el heraldo de Jesús, que traerá la gracia de Dios para liberar a los pobres y marginados (ver 4, 14-21). Inmediatamente Zacarías queda libre de la mudez y de la sordera, y comienza a alabar a Dios, con el cántico que sigue.

Los pobres alaban al Dios que los libera
(1, 67-80)

El Espíritu Santo hace profetizar a Zacarías. Como el de María, su cántico (Benedictus) probablemente es un Salmo de los "pobres de Yavé", sobre todo los versículos 67-75 y 78-79. Como las oraciones judías, el cántico comienza con la alabanza a Dios (Sal 41, 14), reconociendo la visita que realiza El para liberar a los pobres. Esta visita es una intervención divina, y aquí señala el envío del Mesías, hijo de David, como fuerza de salvación para los pobres, de acuerdo con los profetas (1, 68-70; 2S 7). La función del Rey-Mesías era la de salvar al pueblo de los enemigos extranjeros y nacionales, hacerlo vivir según la justicia y el derecho, (1, 71-75; Sal 18, 18 y 72). Todo esto es fruto de la misericordia de Dios, que sigue fiel a la alianza (Ex 2, 24) y al juramento hecho a Abrahán (Jr 11, 5), para libertar y traer paz a su pueblo, a fin de que éste le sirva para siempre (1, 72-75).

Los vv. 76-77 señalan la misión de Juan: él será el profeta del Dios Altísimo, para preparar el camino del Señor Jesús, el auténtico "Hijo del Altísimo" (1, 32). ¿De qué manera? Declarando al pueblo que la verdadera salvación consiste en el perdón de los pecados (3, 8; 5, 32; 13, 3; Hch 3, 19 y 26; 5, 31 etc.), pues, de hecho, son los pecados personales y sociales los que desfiguran la vida humana, al crear la injusticia. El v. 78 muestra que la salvación es fruto de la misericordia de Dios, y será traída por *"el sol que nace de lo alto"*, es decir, por Jesús, el Mesías, Hijo de Dios. El iluminará la situación del pueblo que vive *"en las tinieblas y en la sombra de muerte"*, o sea, en la condición miserable de pobreza y marginación (4, 14-21; Is 9, 1; 42, 7). Y este sol guiará al pueblo por el camino de la paz, que en la Biblia significa integridad, armonía y vida plena en todos los sentidos.

La historia de la infancia de Juan termina aquí, preparando ya su misión en el desierto de Judá, cerca del mar Muerto (3, 2). Mientras tanto, él se desarrolla física y espiritualmente, como Samuel (1S 2, 26) y Jesús (2, 40 y 52).

Para reflexionar en grupos

1. ¿Por qué los pobres son capaces de vivir la solidaridad?
2. ¿Podemos reconocer la primera parte del "Avemaría" en 1, 28 y 42?
3. ¿Cómo podría la comunidad hacer con sus palabras una oración como el cántico de María y el cántico de Zacarías?
4. ¿El pueblo vive hoy "*en las tinieblas y en la sombra de la muerte*"?
5. ¿Cuáles son los pecados que crean la miseria y la marginación del pueblo?

5
NACE EL MESIAS SALVADOR, EL SEÑOR
(2, 1-24)

Hasta ahora Lucas se había movido en el mundo judío. Pero Jesús inicia una nueva era, pues El es *"la luz para iluminar a las naciones"* (2, 32) y el misterio de su presencia y acción está destinado a llegar a todos. De Jerusalén (1, 8), la mirada del evangelista se vuelve a Roma (2, 1-2; Hch 28) para mostrar el significado universal del nacimiento de Jesús.

Una fecha oscura
(2, 1-2)

Augusto fue emperador del 30 aC hasta el 14 dC. El censo general tenía una finalidad política y económica: reclutar hombres para el ejército y, en las regiones dominadas por Roma, asegurar el pago de los impuestos y tributos (2, 1). Pero el v. 2 crea problemas: según las fuentes históricas, Quirino fue gobernador de Siria a partir del año 6 dC, cuando hizo un censo para transformar la Judea en provincia romana. Jesús debe haber nacido antes. Los estudiosos se inclinan actualmente por una fecha entre los años 7 y 4 antes de la era cristiana.

Lucas quiere señalar la importancia del nacimiento de Jesús para toda la historia, pero la fecha de su aparición es imprecisa. De hecho, las fechas y los monumentos son establecidos por los ricos y poderosos, que ven todo desde arriba (visión superversiva). Los pobres, en cambio, no suelen marcar fechas ni construir monumentos, ni dejan registros escritos. Sin embargo, con Jesús, ellos comienzan a construir una nueva era, a partir de abajo (visión subversiva), enrumbando la historia y la sociedad conforme a la justicia que construye la paz (1, 78-79).

Nace como pobre
(2, 3-7)

Como ya lo había hecho en otros lugares, Roma debía respetar las costumbres locales: cada uno se alistaba en la ciudad natal (2, 3). José, de la familia de David, va con María hasta Belén, donde había nacido su antepasado David (2, 4-5; 1S 16, 1). Percibimos la intención de Lucas: según el profeta Miqueas, de la pequeña Belén había de venir el Mesías (Mi 5, 1-3). Hecho significativo: Jesús no nace en Jerusalén, la capital, sino en la pequeña aldea de Belén, en la periferia.

No sabemos cuánto tiempo se quedaron en Belén. Los detalles solamente quieren mostrar la soledad y la pobreza. El hospedaje donde se alojaban los viajeros estaba lleno, y ellos ciertamente prefirieron estar solos en un establo de animales, quizá una gruta. La expresión "hijo primogénito" no quiere decir que María haya o no tenido otros hijos, sino que es una referencia a la ley de consagración del hijo primogénito a Dios (Ex 13, 12; 34, 19). El hecho de que María se ocupe de los primeros cuidados (fajar al niño y acomodarlo en una cuna improvisada) muestra que no había nadie que le ayudara en el parto. En resumen, el nacimiento del Hijo de Dios no sugiere en manera alguna poder y gloria; éstos, como veremos más tarde, estarán siempre vueltos hacia Dios y al servicio de los pobres y marginados.

El Mesías Salvador, el Señor
(2, 8-14)

El nacimiento de Jesús, sin embargo, no pasa desapercibido. El "ángel del Señor" es un modo de hablar de la manifestación del mismo Dios. Se aparece a los pastores, que en esa época eran mal vistos y marginados porque, al ser pobres, no tenían dinero para cumplir todas las exigencias de la Ley. A estos pobres y marginados es anunciada en primer lugar la "buena noticia" (=Evangelio) y, a través de ellos, a todo el pueblo (2, 8-10). La noticia que causa "gran alegría" es la que anuncia el comienzo de la era de la salvación: *"Os ha nacido hoy, en la ciudad de David, un salvador, que es Mesías el Cristo Señor"* (2, 11).

El "hoy" marca el comienzo del tiempo de salvación. Jesús es presentado como el Mesías, el propio "Dios que salva" (=Jesús). Ahora bien, los títulos de "Salvador" y "Señor" eran dados, en aquella época, al emperador romano; estos títulos encubrían la ambición y dominación del imperio bajo la máscara de "salvación". Pero aquí Lucas presenta el contraste de la acción de Dios: la verdadera salvación es anunciada a los pobres y marginados ("para ustedes"). Jesús es el Salvador, porque trae la liberación definitiva; es el Mesías que, por medio del Espíritu de Dios, trae el reino de la justicia que conduce a la paz (1, 78-79; Is 11, 1-9); es el *Señor,* porque vence todos los obstáculos y crea una sociedad e historia nuevas, conforme al proyecto de Dios, que quiere la libertad y la vida para todos.

¿Cómo reconocerán los pobres a su Salvador? La señal (2, 12) indica la pobreza y la soledad, y muestra claramente que los pobres lo encontrarán dentro de la propia situación en que ellos viven: Dios quiere salvar a todos, pero comienza por la periferia, por los marginados. La alabanza de los ángeles (2, 13-14) recuerda la entrada de Jesús en Jerusalén (19, 38) y revela la gran paradoja: en Jesús la gloria del Dios Altísimo desciende hasta los marginados para traer la paz (=plenitud de vida) a estos hombres a quienes El ama (leer el Salmo 113).

Los pobres reconocen y agradecen
(2, 15-20)

Los pastores van a verificar el acontecimiento; y la prisa muestra cuán urgente es la situación de los pobres (2, 15-16). Confirman el anuncio, cuentan la experiencia, y "todos" se maravillan (2, 17-18). *Todos*, ¿quiénes? Todos aquellos que creerán en la "buena noticia" dada a los pobres, y que a su vez es transmitida por ellos a los demás. Lo más importante, sin embargo, es la actitud de María: observar los hechos y meditar sobre ellos para descubrir los caminos de Dios. Esta debe ser la actitud de la comunidad cristiana: observar cómo actúa Dios, descubrir el sentido, y actuar de la misma manera. Sólo así la comunidad podrá, como los pastores, glorificar y alabar a Dios por todo lo que ha visto y oído (2, 20).

Jesús es consagrado al Padre
(2, 21-24)

Conforme a la Ley, varias ceremonias se realizaban después de un nacimiento: circuncisión, purificación de la madre, y presentación y rescate del primogénito. En la circuncisión se le daba el nombre, privilegio que correspondía al padre del niño. Pero aquí no es José quien da el nombre. Recordando que "Jesús" es el nombre dado por el ángel (1, 31), Lucas deja en claro que Jesús es el Hijo de Dios en sentido estricto.

En 2, 22-24 tenemos dos observancias: la purificación de María y la presentación del hijo primogénito. Por la purificación, ella debía ofrecer un cordero y un pichón de palomo o una tórtola (Lv 12, 6). Si fuera pobre, podría ofrecer dos tórtolas o dos pichones de palomo (Lv 12, 8). María hizo la ofrenda de los pobres (2, 24). Pero hay un detalle: Lucas no menciona la ofrenda para rescatar al primogénito (Nm 18, 15-16). Es decir: Jesús permaneció toda su vida consagrado a Dios Padre, y su misión terminará con el sacrificio de su propia vida. Desde el nacimiento, Jesús quedó al servicio del Padre para la salvación de todos.

Para reflexionar en grupos:

1. ¿Por qué Lucas quiere situar a Jesús dentro de la historia?
2. ¿Jesús sigue naciendo hoy entre los pobres?
3. Los primeros destinatarios del Evangelio son los pobres y marginados. ¿Por qué?
4. ¿Qué puede aprender la comunidad de la actitud de María?
5. ¿Cuál es la diferencia entre la historia construida por los poderosos y la historia construida por los pobres?

6
LUZ PARA ALUMBRAR A LAS NACIONES Y GLORIA DE ISRAEL
(2, 25-52)

Jesús ya había sido confirmado en su misión por los pastores que lo reconocieron como el Mesías Salvador de los pobres y marginados. Pero faltaba el reconocimiento de los profetas, aquí representados por Simeón y Ana. Ellos son los "pobres de Yavé" que cerraban el tiempo del Antiguo Testamento en la espera del Mesías que traería el Reino de Dios. Se cumple ahora toda la profecía de Ml 3, 1: *"He aquí que yo envío a mi mensajero a allanar el camino delante de mí, y en seguida vendrá a su Templo el Señor a quien vosotros buscáis, y el Angel de la alianza, que vosotros deseáis".*

Jesús responde a la larga espera
(2, 25-28)

Simeón representa el resto del pueblo fiel que esperaba la "consolación" o liberación (ver Is 40, 1-2; 49, 13). También recibió el Espíritu de profecía que hace reconocer y proclamar la acción de Dios. Y el Espíritu le había revelado que no moriría antes de ver al Mesías. Movido por este mismo Espíritu, Simeón va al Templo. Su canto de agradecimiento proclama lo que Jesús significa para el pueblo de Dios y para todos los pueblos.

Luz para las naciones y gloria de Israel
(2, 29-32)

En conformidad con la promesa (2, 26), Simeón —o el pueblo de los pobres— puede morir en paz, porque ha visto la salvación que Dios le envía por medio de Jesús. Al mismo tiempo, él proclama que la salvación no es sólo para Israel, sino para todos los pueblos. Israel puede enorgullecerse porque el Mesías nació gracias a su fidelidad y perseverante esperanza. Pero el Mesías será una luz para iluminar el camino de la humanidad conduciéndola en dirección a la libertad y a la vida que Dios proyectó para todos. De esta manera Lucas abre el horizonte universal del anuncio y de la práctica del Evangelio (ver Hch 1, 8).

Jesús será signo de contradicción
(2, 33-35)

La admiración de los padres de Jesús es el espanto maravillado de los pobres que descubren que son instrumento del Dios que salva. Pero no todo es pacífico: María sufrirá porque su Hijo provocará gran división —muchos lo aceptarán y muchos lo rechazarán (Ez 14, 17). Sí, porque por medio de El Dios realizará el juicio, que es la manifestación de las verdades ocultas: *"Queden al descubierto las intenciones de muchos corazones"*. En otras palabras, delante de Jesús las personas tendrán que hacer una elección decisiva: aceptar o rechazar a Jesús, con serias consecuencias para la vida entera (ver Jn 3, 16-21). O las personas aceptan participar de la historia nueva, en que la justicia libera a los pobres para la vida, o se condenan en la vieja historia gobernada por la injusticia que desfigura la vida y acaba produciendo la muerte para todos.

Las mujeres profetizan
(2, 36-38)

Como siempre hace en el Evangelio y en el libro de los Hechos, Lucas no se olvida de la presencia y del papel de la mujer en el anuncio del Evangelio. Ana representa el lado femenino de la espera del Mesías. Como mujer pobre, ella siente también el desamparo de la viudez, y su vida es un ejemplo para las viudas cristianas (véase 1 Tm 5, 5-9). En su instinto femenino ella reconoce al Mesías y lo anuncia *"a todos los que esperaban la liberación de Jerusalén"*. De esta manera Lucas consagra definitivamente a la mujer como agente de evangelización. Al fin de cuentas, ¿no fueron ellas las primeras personas en recibir y transmitir el anuncio de la resurrección? Infortunadamente no siempre se les cree... (véase 24, 1-12).

El destino de Jesús
(2, 29-52)

Lucas termina el así llamado "Evangelio de la infancia" en que destaca la realidad de la encarnación del Hijo de Dios. Como cualquier otra persona en este mundo, Jesús creció y se desarrolló física, mental y moralmente, teniendo que descubrir, aceptar y vivir su camino delante de Dios y de los hombres. Como deja entender claramente la Carta a los hebreos, fue a través de su humanidad como Jesús realizó su misión (ver Hb 2, 17; 4, 15; 5, 7-10). También a través de su humanidad fue como reveló a Dios a los hombres y los hombres a Dios. Por lo tanto, no tenemos derecho a refugiarnos en aquella vieja disculpa, diciendo que "Jesús hizo esto o aquello porque era Dios"... En él todos nosotros nos hacemos hijos de Dios y recibimos el mismo Espíritu que lo llevó a superar los obstáculos y a realizar la misión que le había entregado el Padre. Como sucedió con El, a través de la visibilidad de nuestra vida y acción Dios realiza su proyecto. Lo que hay que ver es si estamos disponibles...

Entre los dos "relatos de crecimiento", Lucas colocó el último episodio de la infancia de Jesús. A primera vista este episodio parece común, e inclusive trivial, casi una especie de travesura de un preadolescente. Puro engaño. En este episodio se revela el destino de la vida de Jesús: dado que no había sido rescatado en su presentación a Dios (2, 22-24), Jesús siguió siempre consagrado a su Padre, y a El debía volverse.

La Ley obligaba a que todos los hombres desde los doce años fueran al Templo tres veces por año, en las fiestas de la Pascua, de las Semanas y de las Tiendas (ver Ex 23, 14-17; Dt 16, 16-17). Los que vivían lejos iban sólo una vez, generalmente en la fiesta de la Pascua (2, 41). Recordemos que fue en la víspera de una fiesta de Pascua cuando Jesús murió en la cruz. El resto del episodio también es significativo: Jesús permanece en Jerusalén y sus padres viajan de regreso durante un día. Cuando caen en la cuenta de que falta El, vuelven a Jerusalén, pero tardan en encontrarlo tres días —expresión que en el primitivo cristianismo se refería a la Resurrección: al *tercer día* después de su muerte resucitó Jesús—. Lo encuentran entre los doctores de Israel. ¿Aprendiendo o enseñando el sentido de las Escrituras? (ver 24, 25-27). A la reprensión, Jesús responde: "*¿Por qué me buscábais? ¿No sabíais que yo debo estar en las cosas de mi Padre?*" (2, 49). Compárense con las palabras de Jesús en la cruz, que, para Lucas, son el ápice de la vida y misión de Jesús: "*Padre, en tus manos encomiendo mi espíritu*" (23, 46).

El episodio muestra que Jesús, consagrado al Padre, debe volver a El a través de la muerte, resurrección y ascensión (ver 9, 51; 24, 50-52). Entonces comprendemos que el "Evangelio de la infancia" es un resumen simbólico de toda la persona, vida, palabra y acción de Jesús, que muestra que el camino de El es también el camino de toda la humanidad.

Para reflexionar en grupos

1. ¿Los pobres de hoy también esperan la salvación?
2. ¿Por qué Jesús es "luz para las naciones" y "gloria de Israel"?
3. Jesús provoca división y es señal de contradicción. ¿Por qué?
4. ¿Cuál es el papel de la mujer en la evangelización?
5. El camino de Jesús es el camino de la humanidad. Comentar esto.

7
JUAN PREPARA EL CAMINO DE JESUS
(3, 1-20)

De hecho, ahora comienza el Evangelio de Lucas. El "Evangelio de la infancia" (Lc 1-2) probablemente existía aparte y más tarde fue añadido como prólogo profético. Lucas se preocupa por mostrar lo que precedió a la actividad pública de Jesús. Antes de ella vino la actividad de Juan, como preparador (1, 76-77). Juan todavía pertenece al Antiguo Testamento y, como último profeta (16, 16), su misión es provocar la conversión para que el pueblo esté abierto y disponible para la manifestación del Reino de Dios, que vendrá con Jesús.

Fecha (3, 1-2)

Lucas procura situar el comienzo de la nueva historia dentro del desarrollo de la historia de aquella época, dominada por el Imperio romano. El emperador *Tiberio* reinaba desde el año 14 dC; el año 15 de su reinado cayó en el año 28 dC. En seguida Lucas muestra la situación política y religiosa de Palestina: *Poncio Pilato* gobernaba Judea, Idumea y Samaria; *Herodes Antipas* era rey de Galilea y Perea; *Filipo* gobernaba la Iturea, Traconítide, Auranítide, Batanea y Gaulanítide; *Lisanias* gobernaba a Abilene. La vida religiosa estaba regida por el sumo sacerdote *Caifás* (del 18 al 36 dC), yerno del sumo sacerdote *Anás,* que había ejercido su función entre el año 6 y el 15 dC, pero siempre siguió influyendo en el campo religioso como una especie de "eminencia gris".

La misión de Juan
(3, 2-6)

Como *Jeremías,* Juan había sido marcado desde el nacimiento como profeta (1, 15; Jr 1, 5), y ahora es llamado a la misión como los antiguos profetas (3, 2; ver Os 1, 1; Mi 1, 1). El vive y actúa en el *desierto,* lo que recuerda el primer éxodo, para salir de la esclavitud de Egipto, y el segundo éxodo, el retorno del exilio de Babilonia. Ahora ha llegado el tiempo del éxodo definitivo, la liberación para entrar en el Reino de Dios.

Su misión es anunciar *"un bautismo de conversión para el perdón de los pecados"* (3, 3). No es el bautismo cristiano, sino un rito para obtener una purificación superior a la que se efectuaba en el Templo, y así posibilitar al pueblo el entrar en una vida nueva en comunión con Dios. La cita de Is 40, 3-5 (3, 4-5) muestra que Juan prepara la gran intervención de Dios en Jesús, y que esta intervención alcanzará a toda la humanidad: *"Todo hombre verá la salvación de Dios"* (3, 6).

El juicio está cercano
(3, 7-9)

El juicio es la manifestación de la verdad para llevar a cada uno a experimentar las consecuencias de su propia opción y estilo de vida. Juan advierte a las multitudes que de nada sirve fingir una actitud religiosa pretendiendo salvar el pellejo sin cambiar radicalmente el modo de pensar y de actuar: "Dad, pues, dignos frutos de conversión" (3, 8). Tampoco sirve confiar en el hecho de ser "hijo de Abrahán", es decir, de pertenecer *de nombre* al pueblo de Dios. El hacha del juicio está lista para cortar el árbol que no dé fruto: el que no viva concretamente la conversión quedará excluido de la vida del Reino.

Y exige una conversión práctica
(3, 10-14)

La conversión anunciada por Juan no es solamente una actitud interior, una especie de sentimiento religioso desligado de la vida concreta. Es mucho más: la decisión que cambia a la persona por dentro y por fuera, haciéndola abandonar un modo pecaminoso de vivir, para asumir una vida nueva, según la justicia. Por eso la conversión tiene consecuencias económicas, políticas y sociales. En primer lugar, *compartir* lo que se tiene con los que nada tienen (3, 11); en segundo lugar, no usar el *poder* para conseguir cosas, explotando (recaudadores de impuestos) u oprimiendo y extorsionando (soldados) (3, 12-14). El *compartir* y la *fraternidad* aparecen así como los frutos deseados, como la señal de la verdadera conversión al Reino, pues a través de ellas es como se realiza la justicia que hace cercano el Reino.

Por otra parte, la conversión tiene un aspecto social. No puede quedarse sólo en la actitud individual y aislada, sino que ha de penetrar y transformar las relaciones sociales y organizar una nueva historia. Es la religión que exige cambios radicales: compartir en vez de explotar, fraternidad en vez de opresión. Esto crea la justicia que produce vida digna para todos y lleva a la humanidad a caminar por *"el camino de la paz"* (1, 79).

Juan no es el Mesías
(3, 15-17)

En aquel tiempo era grande la expectativa de la venida del Mesías Salvador. Muchos se hicieron discípulos de Juan y muchos siguieron a Jesús; y ambos grupos discutían sobre quién era el mayor, pues los discípulos de Juan afirmaban que Juan era más importante, pues había venido antes de Jesús. De entre los evangelistas, Lucas y Juan procuran resolver el asunto mostrando el papel subordinado de Juan (ver Jn 1, 6-9.15.19-20; 3, 22-30). Para esto Lucas contrapone las dos personas y los dos bautismos. Juan no sólo declara que no es el Mesías, sino que afirma además que ni siquiera es digno de ser su esclavo (desatar la correa de las sandalias). El bautismo de Juan era con agua y servía para la purificación, al demostrar el arrepentimiento. En cambio, el bautismo de Jesús será con el Espíritu Santo y con fuego, una alusión a Pentecostés, donde el Espíritu fue dado en forma de lenguas de fuego (ver Hch 2, 3-4). Además, mientras Juan previene sobre el juicio, Jesús es el juez mismo que va a separar a los justos de los injustos, como el agricultor separa el grano de la paja (ver Mt 25, 31-46).

El testimonio de Juan alerta para algo importante: el testigo no debe confundirse con aquel de quien da testimonio, ni ocupar su lugar. Su función es señalar a Jesús, anunciar su presencia y acción, y luego desaparecer: *"Es preciso que El crezca y que yo disminuya"* (Jn 3, 30). Ciertamente no siempre sucede así. Es grande la tentación del evangelizador de conseguirse privilegios y mayordomías a costa de su función, estorbando el encuentro y el compromiso de las personas con Jesús.

El final de la misión de Juan
(3, 18-20)

Lucas clausura pronto la actividad de Juan porque, desde su punto de vista, Juan pertenece al Antiguo Testamento (16, 16). La prisión por parte de Herodes muestra que Juan incomodaba a las autoridades, ciertamente no sólo porque les echaba en cara sus faltas morales. Con la salida de Juan, el tiempo de Israel, la primera fase de la historia de la salvación, ha terminado.

Ahora comienza el tiempo de Jesús, con la realización de las promesas y la venida del Reino de Dios. De hecho, según el evangelista Marcos, después de la prisión de Juan es cuando Jesús va a Galilea, donde comienza su actividad (ver Mc 1, 14-15).

Para reflexionar en grupos

1. ¿Por qué Lucas señala solemnemente la fecha de su Evangelio?
2. ¿Qué significa la conversión?
3. ¿Cuáles son las consecuencias políticas, económicas y sociales de la conversión?
4. ¿Cuál es la mayor tentación de un agente de pastoral?
5. ¿Por qué Lucas clausura la actividad de Juan antes del bautismo de Jesús?

8
JESUS SE PREPARA PARA LA MISION
(3, 21-4, 13)

"Todo el pueblo fue bautizado" (3, 21) = Juan terminó su misión, que era *"preparar al Señor un pueblo bien dispuesto"* (1, 17). Ahora la atención converge hacia Jesús, que también se prepara para su actividad. Las tres escenas (bautismo, genealogía, tentaciones) muestran la naturaleza de la misión, su extensión, y explican por qué Jesús es capaz de librar verdaderamente a la humanidad para la vida nueva.

Jesús es el Mesías que sirve
(3, 21-22)

Lucas no dice que Jesús fue bautizado por Juan, porque el tiempo de Juan ya ha pasado. Llegó el tiempo del Reino (16, 16). Bautizado en medio del pueblo, Jesús no sólo hace parte de él, sino que también se solidariza con su situación. El suyo no es un bautismo de conversión, sino una *investidura para la misión que va a realizar.*

Jesús reza, como en todos los momentos importantes de su vida, para arraigar su vida y su acción en la persona y en el proyecto de Dios Padre. *El cielo se abre,* para mostrar que a través de Jesús comienza una nueva vida para todos, porque ahora el cielo (Dios) y la tierra (la humanidad) entran en comunión. El Espíritu Santo desciende sobre Jesús, no porque Jesús no lo tuviera, como Hijo de Dios (1, 35.41), sino para ungirlo para la misión, como los profetas (Is 42, 1; 61, 1). Lucas hace notar que el Espíritu tiene *"forma corporal como de paloma"*. ¿Por qué? Quiere mostrar que el Espíritu en Jesús se manifestará visiblemente a través de su acción, produciendo realidades concretas y palpables a todos. La paloma recuerda el Espíritu en Génesis 1, 2 y también la paloma de Noé en Génesis 8, 8-11. Ella es el símbolo de la creación y de la nueva creación: movido por el Espíritu de Dios, Jesús realizará una *nueva creación.*

La voz que viene del cielo es la del Padre, que proclama quién es Jesús y cómo va a realizar su misión. En ella tenemos el Salmo 2, 7 (*"Tú eres mi hijo"*), que celebraba la entronización del Rey-Mesías para defender al pueblo y gobernarlo con justicia. La segunda parte, que proviene de Isaías 42, 1 (*"en quien tengo mis complacencias"*), muestra la consagración del Siervo de Yavé, que habría de realizar su misión por medio del servicio a Dios y al pueblo. Por lo tanto, Jesús es el Rey-Mesías que va a cumplir su misión de servir a Dios y a la humanidad. Y esta misión lo llevará hasta la muerte, pues el *Hijo amado* recuerda el sacrificio de Isaac (Gn 22, 2); es decir, Dios hará lo que Abrahán no hizo: dejará que su Hijo vaya hasta la muerte para que la humanidad tenga vida.

Para dar vida nueva a todos
(3, 23-38)

Después de presentar a Jesús como Hijo de Dios, Lucas lo presenta como hijo de la humanidad. La genealogía es una forma de contar la historia, que es una sucesión de generaciones. Por ser legalmente hijo de José, a partir de éste se traza su genealogía.

¿Qué quiere decir esta lista? Primero, que Jesús es hijo de su pueblo (3, 23-34) y de toda la humanidad (3, 34-38). Vino a traer una respuesta a los anhelos de todos. Jesús es el Mesías, hijo de David (3, 31) que va a realizar las promesas hechas a Abrahán (3, 34), no sólo para Israel. Al remontar la lista hasta Adán, Lucas presenta a Jesús como principio de vida para todos. Hay 77 nombres en la lista, un número simbólico para indicar la universalidad: la acción de Jesús ha de alcanzar a toda la humanidad. ¿Y cuál será el resultado? Está al final de la lista: "Hijo de Dios". Al dar su vida de *Hijo de Dios,* Jesús reconducirá a todas las personas al Padre, cuyo proyecto es reunir a toda la humanidad como una familia, repartiendo la vida y la libertad que Dios da a todos.

Porque superó las tentaciones
(4, 1-13)

La misión de Jesús, sin embargo, va a tropezar con obstáculos durante todo el tiempo. ¿Cuáles? Aquellos mismos que hicieron tropezar a Israel en sus 40 años por el desierto, y los mismos que la humanidad de ayer y de hoy encuentra en todas partes. La escena de las tentaciones es simbólica, y resume las dificultades que hubo de enfrentar y superar Jesús durante toda su vida. *El diablo* (del griego *diábolos*) significa impedimento, obstáculo. ¿Cuáles son los impedimentos diabólicos para la realización del proyecto de Dios, que imposibilitan que todos tengan libertad y vida, y experimenten la paz, que es la plenitud de la vida?

1. *La tentación de la abundancia* (4, 2-4). En el desierto aparece el hambre, y el diablo propone a Jesús crear una abundancia de alimento. Es el deseo del pueblo hambriento: tener abundancia de comida, y está todo resuelto. Fácilmente nos olvidamos que detrás de la abundancia de algunos está el hambre de muchos. Dios no promete abundancia para nadie, sino que quiere que todos tengan lo necesario y lo suficiente para vivir bien. Jesús cita a Dt 8, 3, para recordar que el pan no es todo. Tiene razón. La Palabra de Dios hace ver cómo una vida digna también requiere ropa, vivienda, escuela, asistencia médica,

descanso, etc. La situación del pueblo no se resuelve solamente con la comida. ¿Y el resto?

2. *La tentación del poder y de la riqueza* (4, 5-8). El diablo lleva a Jesús a un lugar alto: quizá la ambición. Allí le muestra los reinos de este mundo y le promete el poder y la riqueza de todos ellos con tal de que Jesús lo adore. Y explica: *"A mí me ha sido entregado, y se lo doy a quien quiero"*. Esto recuerda a Juan, quien afirma que el diablo es el príncipe de este mundo" (Jn 12, 31; 14, 30; 16, 11). En otras palabras, *el poder y la riqueza* son cosas diabólicas, es decir, contrarias al proyecto de Dios. ¿Por qué? Porque el poder se construye gracias al robo y a la acumulación de las libertades —uno manda y los demás obedecen. Y la riqueza se construye gracias al robo y la acumulación de los bienes que deberían compartirse entre todos —riqueza de pocos a costa de la miseria de muchos. Ahora bien, Dios no quiere opresión y explotación, sino fraternidad y compartir. Jesús vence la tentación citando a Dt 6, 13. El adorará solamente a Dios verdadero, que quiere fraternidad y compartir, y no al diablo, que construye su reino con opresión y explotación.

3. *La tentación del prestigio* (4, 9-12). El diablo sugiere que Jesús exhiba su poder: arrojarse desde la parte más alta del Templo de Jerusalén, a la vista de todo el pueblo. El diablo es experto: cita el Salmo 91, donde Dios promete proteger al justo. En otras palabras, está proponiéndole abusar de la confianza, colocando a Dios al servicio del propio capricho y la vanidad personal. Tentaciones de las personas "religiosas". Jesús cita a Dt 6, 16, para mostrar que tal actitud es tentar a Dios. Sería mucha osadía desorientar el servicio a Dios y al pueblo para satisfacer intereses egoístas, simplemente para "brillar", inclusive creando sentimientos de inferioridad en los demás. Esto en realidad es querer manipular a Dios para engañar a los otros.

Si comparamos el texto de Lucas con el de Mt 4, 1-11, veremos que Lucas invirtió el orden de la segunda y tercera tentaciones. Es que, desde su punto de vista, las tres tentaciones persiguieron a Jesús durante su vida. Pero al final, en Jerusalén, frente a la muerte inminente, el diablo jugará su última carta, intentando hacer que Jesús traicione todo el proyecto que ha vivido. Así quedan resueltas las cosas *por el momento*. Pero el diablo espera el *tiempo oportuno* (4, 13; ver 22, 3.39-46.53). Con el diablo no se juega, pues él conoce no sólo nuestras debilidades (búsqueda de abundancia, poder, riqueza y prestigio), sino que sabe que, en la hora decisiva del peligro, somos capaces de abandonar todo para "salvar el propio pellejo"...

Para reflexionar en grupos

1. ¿Qué significa comprometerse con Jesús, que es el Mesías que sirve a Dios y al pueblo?
2. Jesús no vino sólo para su pueblo, sino también para toda la humanidad. ¿Esto qué implica para la vida y la acción de nuestra comunidad?
3. ¿Las tentaciones que enfrentó Jesús son las mismas que enfrentamos hoy?
4. ¿Por qué las tentaciones son diabólicas? ¿Qué causan ellas?
5. El diablo espera el "tiempo oportuno". ¿Qué hacer ante esto?

9
EL PROGRAMA DE VIDA DE JESUS
(4, 14-30)

Habiendo recibido el Espíritu Santo para la misión, y vencidas las tentaciones que provocan el mal del pueblo, Jesús está preparado para desarrollar su actividad. Desde el principio, Lucas procura dar una idea de cómo será esta actividad (4, 14-15), en qué consistirá (4, 16-21), y cuáles serán las reacciones a ella (4, 22-30). Es muy probable que Lucas haya mezclado varios episodios a fin de dar un resumen de toda la acción que Jesús va a desarrollar en Galilea.

Jesús entra en acción
(4, 14-15)

Estos dos versículos presentan el primer resumen de todo el período inicial de la actividad de Jesús. Después de las tentaciones y de la victoria sobre el mal, Jesús entra en acción con *"la fuerza del Espíritu"*. Es un modo de referirse a los milagros de Jesús (ver 4, 36; 5, 17; 6, 19; 8, 46). Tales milagros, sin embargo, no pueden verse como actos aislados, sino como un verdadero programa de transformación de la realidad, un cambio radical de las condiciones que disminuyen e inclusive matan la vida y la libertad del pueblo. Esto no pasa desapercibido, y la consecuencia es que la fama de Jesús rápidamente se extiende por toda la región.

La palabra acompaña a la acción. En la mente de Lucas, el hecho de que Jesús enseñe en las sinagogas es una especie de preparación para la práctica continua del apóstol Pablo que, al principio, se dirigía siempre primero a los judíos (ver Hch 13, 5.14.44; 14, 1, etc.). También es un modo de decir que la acción y la palabra de Jesús siguen a través de la acción y la palabra de la Iglesia.

Para liberar a los oprimidos y marginados (4, 16-21)

¿En qué consistían la acción y la palabra de Jesús? Para responder a esto, Lucas relata el episodio de la sinagoga de Nazaret, donde es presentado el programa de Jesús.

Como cualquier israelita adulto, Jesús frecuentaba la sinagoga los sábados, cuando se hacían oraciones y lecturas seguidas de comentarios, generalmente de la Ley (Pentateuco) y de los Profetas. Los lectores eran casi siempre miembros instruidos de la comunidad o visitantes que conocían bien las Escrituras. Jesús recibe el libro del profeta Isaías, y la lectura que hace es el trozo de Is 61, 1-2, mezclado con Is 35, 5 (*"a los ciegos la recuperación de la vista"*) e Is 58, 6 (*"para liberar a los oprimidos"*):

> "El Espíritu del Señor sobre mí,
> porque me ha ungido
> para anunciar a los pobres la Buena Nueva,
> me ha enviado a proclamar la liberación a los cautivos
> y la vista a los ciegos,
> para dar la libertad a los oprimidos
> y proclamar un año de gracia del Señor".

Este pasaje procura explicar el sentido de la palabra y de la acción de Jesús. El es como el profeta anónimo, ungido por Dios para consolar y restaurar la condición del pueblo que había regresado del exilio y se encontraba en una situación lastimosa. Comenzando su misión, Jesús es ungido directamente por el Espíritu Santo (3, 22; ver Hch 10, 38), y no con una unción de óleo como los antiguos reyes y sacerdotes. El pasaje encuentra así una aplicación apropiada: Jesús también está consolando al pueblo que no encuentra perspectivas y que vive en una condición de marginado.

Los destinatarios del anuncio del Evangelio son los pobres, o mejor, el pueblo empobrecido y debilitado por la ambición de quienes lo gobiernan. El límite extremo de esta condición es la marginación: el pueblo ha perdido la libertad (prisión) y la capacidad de mirar críticamente la realidad (ceguera); vive continuamente presionado (oprimido) por dentro y por fuera, y cada vez más va perdiendo la vida y el acceso a los bienes para sostenerla. La misión de Jesús, por lo tanto, es traer una palabra de esperanza para este pueblo explotado y oprimido y, al mismo tiempo, realizar la acción que lo libera concretamente de la situación de marginalidad.

El *"año de gracia"* es una referencia al año del jubileo, celebrado en Israel cada 50 años (ver Lv 24, 10-13). Su finalidad era dar la posibilidad de reiniciar la vida a quienes, por uno u otro motivo, se habían endeudado hasta el punto de perder la propiedad familiar y hasta la propia libertad. En este "año de tregua" todos podían recuperar los derechos perdidos y recomenzar una nueva vida.

"Hoy se ha cumplido esta Escritura que acabáis de oír" (4, 21). De esta manera Jesús sella su palabra y su

acción como cumplimiento de la Escritura. El "hoy" se refiere al momento en que El no sólo está leyendo, sino también realizando lo que había anunciado el profeta.

La reacción: aprobación, duda, rechazo (4, 22-30)

Es poco probable que estos versículos se refieran a un solo episodio. Lucas seguramente unió varios episodios, y relató diferentes reacciones, porque su intención era mostrar el destino de Jesús y del Evangelio.

¿Aceptará el pueblo el anuncio y la actuación de Jesús? En un comienzo, sí. Pero luego viene la duda: ¿Cómo es posible que un hombre común, pobre, hijo de un carpintero, pueda atribuirse a sí mismo tal misión? (4, 22). Detrás de esta duda está nuestra duda: ¿Será posible que la salvación venga de los pobres?

Lo peor es que el mismo pueblo de Jesús es el que duda de El. Lo mismo puede suceder con nosotros: las propias personas de Iglesia pueden dudar de la acción y de la palabra de Jesús... ¿Y qué sucederá? Jesús va a buscar quién crea en El y cita dos ejemplos del Antiguo Testamento: Elías, que socorrió a una viuda extranjera (1R 17) y Eliseo, que curó a un leproso de Siria (2R 5). En otras palabras, si los de dentro no aceptan, Jesús busca a los de fuera, donde encuentra más fe (4, 23-27; comparar con Hch 13, 46-50).

El pueblo se pone furioso (4, 28-30). Este pasaje se debe referir al final de la actividad en Galilea, cuando llega la "hora" de Jesús (ver 9, 51). Rechazado por las autoridades de su propio pueblo, Jesús tendrá un final trágico. La intención de "arrojarlo en el precipicio" es ciertamente una referencia a la muerte por lapidación, como sucederá después con Esteban, en Hch 7.

"Pero Jesús, pasando por en medio de ellos, se marchó" (4, 30). De nada servirán la duda, el rechazo y hasta la hostilidad contra Jesús y el Evangelio. El seguirá su camino anunciando la Buena Noticia a los pobres y liberando al pueblo para la vida, dondequiera que haya alguien dispuesto a aceptarlo y a comprometerse con él. Y, ¡ay de quien se oponga a la *"fuerza del Espíritu"*!...

Para reflexionar en grupos

1. ¿Por qué es necesario tener el Espíritu y vencer las tentaciones para poder anunciar el Evangelio que libera al pueblo?
2. ¿El pueblo hoy se encuentra en la misma situación en que Jesús encontró a su pueblo?
3. El pueblo se admiró, pero también dudó de Jesús. ¿Por qué? ¿Sucede esto también hoy?
4. ¿Por qué es difícil creer que de los pobres es de donde viene la salvación para todos?
5. ¿Nuestra comunidad está dispuesta a acompañar a Jesús en su misión? ¿Qué podemos hacer para concretar este seguimiento?

10
JESUS LIBERA DE LOS DEMONIOS
(4, 31-44)

Es interesante el hecho de que los primeros actos de Jesús narrados por Lucas estén ligados a la expulsión de demonios. Para los antiguos, todos los males que afligían a la persona eran considerados obra de algún demonio, principalmente las enfermedades. Para lograr la curación, era necesario expulsar el demonio. Jesús puede hacer esto porque ha vencido las tentaciones (4, 1-13: abundancia, poder, riqueza y prestigio), por medio de las cuales actúa el diablo, para provocar así los males del pueblo. Esta es la señal concreta de la llegada del Reino de Dios, que trae libertad y vida para todos.

Jesús libera de la alienación
(4, 31-37)

Cafarnaúm es el centro de la actividad de Jesús en Galilea y allí suele enseñar en la sinagoga el día sábado, que es el día santo de los judíos. La gente se espanta con su enseñanza, porque El *"habla con autoridad"*. ¿Qué autoridad es esa? Ciertamente una comprensión nueva de las Escrituras, al aplicar directamente su anuncio a una práctica de liberación concreta. Mientras los doctores de la Ley se quedaban en especulaciones abstractas, Jesús va directamente a lo que le interesa al pueblo: la Palabra de Dios como liberación concreta, interna y externa, dentro de las situaciones en las que vive el pueblo.

El primer milagro contado por Lucas es la expulsión de un demonio, para mostrar que para liberar a las personas primero se necesita expulsar al demonio. ¿Quién es él? Es alguien que conoce a Jesús y sabe que Jesús es una amenaza para su imperio demoníaco. Llama a Jesús el "Santo de Dios", es decir, que Jesús, concebido por obra del Espíritu Santo, es portador de este mismo Espíritu, capaz de vencer el dominio del espíritu del mal (ver 1, 35). Para comprender bien lo que esto significa, debemos recordar que la principal acción del demonio es *alienar a las personas,* impidiéndoles pensar y actuar por sí mismas. Todo aquello que aliena a las personas es malo y demoníaco. Entonces comprendemos que las ideologías, las propagandas mentirosas, los sistemas, las estructuras opresoras, son agentes del demonio, que engañan y manipulan al pueblo. ¿Quién sería hoy este demonio? quienes engañan y manipulan al pueblo para explotarlo y oprimirlo, a fin de conseguir ventajas. Y estos agentes del demonio saben muy bien que Jesús es peligroso para ellos, porque puede destruir su "rentable negocio".

Entonces entendemos el espanto del pueblo y la fama de Jesús, que va extendiéndose por todos los alrededores. Jesús, con su palabra y acción, vence a los demonios que alienan al pueblo. El devuelve al pueblo la capacidad de ver, de pensar y de actuar por sí mismo, utilizando su libertad para conquistar la vida a la cual todos tienen derecho. El pueblo no puede hacer esto solamente porque algunos, demoníacamente, sólo piensan y buscan su propia abundancia, poder, riqueza y prestigio, dejando a todos los demás en la miseria.

Jesús libera para servir
(4, 38-39)

En la casa de Simón, Jesús encuentra otra acción del demonio. Para los antiguos, las enfermedades, y sobre todo la fiebre, eran obra del demonio, que acaba con la salud de las personas, disminuyendo su capacidad de vivir y realizar su actividad libremente. Para entender esto, y cuál es el demonio que provoca la enfermedad, basta preguntar por la causa de las enfermedades. ¿Está enfermo por mala alimentación, malas condiciones higiénicas, imposibilidad de asistencia médica eficiente, etc.? ¿Cuál es el demonio que provoca todo esto?

Jesús expulsa la fiebre como si expulsara al demonio que la provoca ("amenazó"). ¿Cuál es el resultado? La suegra de Simón se levanta y comienza a servirles. ¿A quiénes? A Jesús y a los que están con El, en el plan de enfrentar al demonio y derrotarlo. Ella se dispone, por tanto, a ayudar en el programa de la liberación. Quien ha sido liberado pasa a servir a la causa de la liberación de los demás.

Jesús libera a todos
(4, 40-41)

La Ley prohibía muchas cosas en el día sábado (4, 31), entre ellas la curación. Es asombroso. Como si a Dios le gustara que las personas se quedasen enfermas o muriesen... El día terminaba con la puesta del sol, y por eso los enfermos son llevados a Jesús después de que se oculta el sol. Jesús toca a los enfermos, otra cosa que la Ley, si no prohibía en todos los casos, por lo menos la colocaba bajo sospecha. Pero Jesús no tiene miedo de las enfermedades del pueblo, pues sabe que es el contacto amoroso el que cura y trae vida nueva.

También estas curaciones están ligadas a la expulsión de los demonios que causan las enfermedades. Jesús llega hasta el fondo, y arranca el mal de raíz. Y los demonios saben que El es el Mesías, aquel que fue ungido por el Espíritu Santo (ver 3, 22) para vencer el mal que trae esas enfermedades que impiden la libertad y la vida del pueblo. Los demonios solamente logran dominar al pueblo débil y enfermo. Restablecido en su salud y vigor, el pueblo sabe defenderse y luchar por la vida.

Jesús trae el Reino para todos
(4, 42-44)

Jesús debe haber pasado la noche entera curando al pueblo enfermo. "Al hacerse de día" sale de Cafarnaúm y va a un lugar desierto, ciertamente de viaje hacia otros lugares. Las muchedumbres van detrás, intentando retenerlo. Aquí encontramos un rasgo común en las personas que han sido alcanzadas por la acción liberadora: asegurar, retener, poseer. Es la vieja mentalidad egoísta, que no quiere compartir la libertad y la vida con los demás. Signo de que no basta simplemente liberar al pueblo de sus males. Es preciso convencerlo de que se comprometa en el proyecto de Dios y de Jesús, que quiere la libertad y la vida para todos.

Es lo que percibimos en la respuesta de Jesús: *"También a otras ciudades tengo que anunciar la Buena Nueva del Reino de Dios, porque a esto he sido enviado"*. Jesús muestra así que la acción de Dios no puede ser retenida dentro de un pequeño grupo, dentro de una ciudad, estado, o país. Estas cosas fueron inventadas por los hombres. Para Dios existe la humanidad, y en ella todos y cada uno tienen derecho a recibir y usufructuar el don de Dios. Todos tienen derecho a oír la noticia del Reino que libera y trae vida. La comunidad que ha conocido a Jesús pero que no sale de sí misma para transmitir a los demás este conocimiento, demuestra que todavía no ha entendido que mientras haya una sola persona que carezca de libertad y vida, el Reino de Dios no ha llegado completamente a nadie. Estamos todos en el mismo barco y mientras haya un solo orificio, todos corremos el peligro de naufragar.

Para reflexionar en grupos

1. ¿Cuáles son los demonios que hoy dejan al pueblo alienado, impedido para ver, oír, hablar y actuar con libertad, para descubrir y seguir su propio camino?
2. ¿Cuáles son los demonios que provocan las enfermedades del pueblo? ¿Cómo actúan esos demonios?
3. ¿Es justa una ley que impide curar? ¿Tenemos leyes así?
4. Jesús vino para todos. ¿Comprende bien esto nuestra comunidad? ¿Y qué hace en consecuencia?
5. Mientras exista un solo pobre y débil, todavía no ha llegado el Reino. Comentar.

11
JESUS NO ACTUA SOLO
(5, 1-16)

Hasta ahora Lucas había presentado a Jesús solo, al contrario de Marcos, que presenta el llamamiento de los primeros discípulos desde el principio (Mc 1, 16-20). Sin embargo, ¿cómo sería posible seguir a una persona sin siquiera conocerla? Debe ser ésta la dificultad que quiso remediar Lucas. Primero muestra que la fama de Jesús se fue extendiendo por todos los alrededores (4, 14.37), que El enseñaba en las sinagogas (4, 15.31), y que ya había ido a la casa de Simón (4, 38). Todo esto servía de preparación para el llamamiento de los primeros discípulos.

Jesús enseña a las multitudes
(5, 1-3)

Mientras las autoridades religiosas de su tiempo ocultaban el saber y lo transformaban en poder para dominar al pueblo, Jesús se dirige inmediatamente al pueblo, enseñando gratuitamente a todos mucho más de lo que las autoridades conocían. El pueblo está sediento de la Palabra de Dios. Tanto que se apretuja alrededor de Jesús para oír la palabra que trae una nueva comprensión y genera una nueva acción. ¿Cómo enseñar a todos? Jesús recurre a una salida: subir a una barca, y apartarse un poco de la orilla para poder ser oído por todos. La barca era de Simón, que más tarde se convertiría en el líder del pueblo que se reunirá alrededor de Jesús.

Lucas no dice cuál es el contenido de la enseñanza de Jesús. Lo dirá más tarde, como veremos. Pero es importante aquí la mención del lago de Genezaret o, como lo llamaban otros, el mar de Galilea. Este lago o mar tiene una importancia más religiosa que geográfica, pues en este lago Jesús manifestará su poder (ver 8, 22-25). Para el antiguo Israel, el mar era un símbolo de las naciones paganas. Por lo tanto, ya podemos sospechar un simbolismo: la enseñanza de Jesús se extenderá por todas las naciones...

Una pesca inesperada
(5, 4-7)

Toda la escena es simbólica. Después de enseñar a las multitudes, Jesús le pide a Simón que avance mar adentro y lance las redes para la pesca. Simón pone una objeción: han intentado la pesca toda la noche, que es el tiempo más apropiado, y no han cogido nada. *"Pero, en tu palabra, echaré las redes"*. Lo curioso es que, en la hora considerada impropia, lograron coger tantos peces, ¡que las redes casi se rompen! Tuvieron que llamar a los de la otra barca (Santiago y Juan, hijos de Zebedeo) para que les ayudaran. ¡Y las dos barcas quedaron tan llenas, que casi se hunden!

¿Qué pesca es ésta? Es simbólica, es el resultado de la enseñanza de Jesús a las multitudes. Jesús enseñaba la "Palabra de Dios", es decir, la Buena Noticia del Evangelio, y Pedro dice: *"En tu palabra"*. O sea, es la palabra del Evangelio la que hace tener éxito en este empeño, aunque las circunstancias parezcan contrarias: la luz del día, en vez de la oscuridad de la noche —quizá una alusión a la claridad y veracidad con que la verdad del Evangelio convence a las personas.

Pescadores de hombres
(5, 8-11)

Pedro ya conocía el poder de Jesús, que había curado a su suegra. Pero la pesca misteriosa hace que él perciba en Jesús el misterio profundo de su divinidad. En efecto, antes había llamado a Jesús *"Maestro"* (5, 5), y ahora lo llama *"Señor"* (5, 8). Esta es una expresión parecida a la del profeta Isaías, cuando éste contempló una pequeña brizna de la majestad de Dios (ver Is 6, 5). Pedro, de repente, toma conciencia de que está presenciando la palabra y la acción de Dios a través de Jesús. Su espanto es característico de quien ha tenido una experiencia de Dios —la fascinación mezclada con el miedo—. Lo mismo sucede con los otros dos, Santiago y Juan.

Quien ha tenido una experiencia de lo divino se siente inmediatamente movido a una adhesión y un compromiso. Es lo que vemos en las palabras de Jesús dirigidas a Pedro, pero que incluyen a Santiago y a Juan, y también a todos nosotros: *"No temas. Desde ahora serás pescador de hombres"* (5, 10). Notemos bien: Pedro ya era pescador. Ahora se ha convertido en pescador de hombres. Jesús no quiere que hagamos algo diferente a lo que hacemos, sino que aquello que hacemos, lo hagamos de *un modo diferente*. Pescar hombres, ¿para hacer qué con ellos? Lucas tiene el cuidado de usar un verbo que significa "atrapar y conservar vivo" (zogrein). El discípulo de Jesús es llamado a "pescar" a los hombres para anunciarles la palabra y la acción que los lleva a la libertad y a la vida.

"Dejaron todo y siguieron a Jesús". El seguimiento es radical. Lo que no significa ciertamente dejar todo para no tener nada que hacer. Hoy pensaríamos que esto debe entenderse como dar una nueva dirección a la vida: colocar todo al servicio del seguimiento de Jesús, continuando su palabra y su acción en el gran mar del mundo y de la historia.

Ha llegado la oportunidad para los marginados
(5, 12-16)

Un caso muy especial de enfermedad era la lepra. En aquel tiempo cualquier enfermedad de la piel era considerada lepra (Lv 13), y lo terrible era que la persona considerada leprosa tenía que ser apartada de en medio de los vivos porque era considerada como tocada por la muerte, y muerte que podía contagiar a los demás. El leproso debía permanecer lejos de las ciudades y aldeas, y él mismo debía apartar a la gente (Lv 13, 45-46). Era un marginado total.

El leproso tiene fe, y se dirige al encuentro de Jesús. Aquí vemos cómo Jesús aprecia más a las personas que a las leyes: estaba prohibido acercarse, y mucho más tocar, a un leproso. Y es con ese toque de amor como el leproso queda curado, con derecho renovado para participar en la vida y en la comunión social. Pero Jesús no quiere publicidad. Aconseja el secreto y que la persona cumpla con las normas de la Ley (Lv 14, 2-32). Después Jesús se retira a los lugares desiertos para orar. Recordemos que el desierto es el lugar de las tentaciones. ¿Contra qué luchaba Jesús? Volver a leer 4, 1-13. ¿Y qué oraba? Es lo que veremos en Lc 11.

Lo importante aquí es el leproso que Jesús toca y cura. Es Jesús que se acerca al pueblo marginado, excluido de la sociedad, de la vida y de la historia, entregado a la soledad, a la esclavitud y a la muerte. Son todos los pobres de hoy, y entre ellos principalmente los ancianos, los enfermos incurables, las prostitutas, los borrachos, los marginados, los homosexuales, todos aquellos a quienes señalamos con el dedo y los transformamos en "chivos expiatorios" de nuestra hipocresía, de todo aquello que no queremos aceptar en nosotros mismos. Jesús nos invita a acercarnos a ellos y a tocarlos con amor. Quizá así descubramos que ellos son nosotros mismos, todos nosotros, que necesitamos tan desesperadamente que alguien nos toque con amor. Quizá los leprosos nos curarán de nuestra lepra...

Para reflexionar en grupos

1. Jesús enseñaba a las multitudes que habían sido abandonadas por quienes les negaban el saber. ¿Cómo podemos hacer lo mismo?
2. ¿Por qué nuestra pesca no tiene resultado?
3. Quien tiene una experiencia del Jesús vivo, siente la necesidad de adherirse a El y comprometerse. ¿Ya hemos tenido esta experiencia?
4. ¿Existen leyes que nos impidan acercarnos y tocar a los marginados de hoy? ¿Cómo podemos tocarlos con el amor que cura y devuelve la vida?

12
JESUS CURA EL MAL DESDE LA RAIZ
(5, 17-39)

En Lc 5, 17-6, 11, el evangelista presenta una serie de cinco disputas entre Jesús y sus adversarios, los doctores de la Ley y los fariseos. Estos dos grupos eran especialistas en materia de religión. Los doctores de la Ley eran los especialistas teóricos: conocían las Escrituras y principalmente la interpretación de la Ley, que abarcaba todos los campos de la vida humana. Los fariseos eran los especialistas prácticos: como su nombre lo indica "separados" —se juzgaban perfectos cumplidores de la Ley y se gloriaban de ser irreprensibles, despreciando al pueblo simple y pobre, al que consideraban ignorante y pecador. Los dos grupos se entendían bien entre sí, y muchos pertenecían a ambos grupos simultáneamente.

Jesús cura el mal desde la raíz (5, 17-26)

Jesús está enseñando dentro de una casa o en un lugar cubierto. El lugar está lleno y, entre los presentes, también están los fariseos y los doctores de la Ley, venidos de Galilea, de Judea y hasta de Jerusalén. El hecho parece extraño, y quizá sólo se explica por la fama de Jesús, que ya se había extendido por toda la Palestina. En todo caso, los dos grupos parecen estar allí para verificar lo que Jesús decía y hacía; señal de que la palabra y la acción de Jesús estaban haciendo dar vueltas a la cabeza de las autoridades. El final del versículo 17 prepara lo que va a suceder.

Llegan unas personas cargando a un paralítico para que sea curado por Jesús. Al no poder entrar por la puerta, suben a la terraza, quitan las tejas, bajan al paralítico, y lo ponen en medio, delante de Jesús. El esfuerzo había sido tan grande, que Jesús vio en esto una gran fe, la confianza en su poder de curar. Pero lo curioso es que Jesús no cura la parálisis. En cambio, le dice: *"Hombre, tus pecados te son perdonados"*.

Para entender esto necesitamos recordar que, para los antiguos, las enfermedades eran causadas por los demonios y por los pecados (ver Jn 5, 14; 9, 2). Ahora bien, perdonando los pecados, Jesús estaba curando el mal de raíz, eliminando la causa y no simplemente los síntomas. Pero ahora viene otra versión: según las Escrituras, solamente Dios podía perdonar (ver Ex 34, 6-7; Is 43, 25; 44, 22). "¿Cómo es que Jesús, un simple hombre, se arroga este poder?", piensan los doctores de la Ley y los fariseos.

Jesús percibe inmediatamente lo que estaban pensando (Jn 2, 25) y les desafía: ¿Qué es más fácil: perdonar los pecados o curar? *"Pues, para que sepáis que el Hijo del hombre tiene en la tierra poder de perdonar pecados, a ti te digo: levántate, toma tu camilla y vete a tu casa"*. Y así sucede. Jesús cura la causa y el síntoma, libera por dentro y por fuera, en el espíritu y en el cuerpo. Y hace esto gratuitamente, aunque en aquel tiempo el perdón de los pecados se alcanzase en el Templo y a cambio de ofrendas y sacrificios. Quizá hasta eso haría que los doctores de la Ley y los fariseos se incomodaran...

Jesús rechaza la hipocresía social (5, 27-32)

Jesús llama a un cobrador de impuestos para que sea su discípulo. Ahora bien, esta clase de personas eran detestadas por el pueblo, porque un cobrador de impuestos, además de colaborar con el Imperio romano, explotaban al pueblo, le cobraban más y se enriquecían a su costa (ver 19, 1-10). Pero Leví *"dejó todo"*, es decir, dejó aquella vida para seguir a Jesús. Hasta las personas consideradas malas son capaces de conversión.

En seguida tenemos el banquete en la casa de Leví, seguramente su fiesta de despedida para una vida nueva. Los antiguos amigos están presentes, y Jesús con los discípulos también. Lucas dice que era *"un gran número de publicanos y de otros"*. Son los fariseos y los doctores de la Ley quienes, para atacar a Jesús, dicen a los discípulos: *"¿Por qué coméis y bebéis con los publicanos y pecadores?"*. Manifiestan así su crítica a Jesús y su desprecio por aquella gente, valiéndose del proverbio: "Dime con quién andas, y te diré quién eres". Muestran así el separatismo de quien se juzga "bueno" y no se mezcla con los "malos". Pura hipocresía. Lo que no quieren es admitir su propia sombra, quizá todavía peor que la de los otros...

Jesús oyó la crítica y respondió: quienes necesitan de médico son los enfermos, y no los sanos. El vino para romper las barreras levantadas por la hipocresía social y religiosa, y hacer que cada uno se enfrente con su propia sombra, en vez de señalarla en los demás. La última palabra muestra una pizca de ironía: *"No he venido a llamar a conversión a los justos, sino a los pecadores"*. ¿Cómo sonará esto a los que se juzgan justos, y mientras que se convierten aquellos a quienes ellos consideran pecadores? Si quitamos las máscaras con que nos escondemos, podrá haber muchas sorpresas...

La novedad de Jesús provoca una ruptura
(5, 33-39)

Ahora los doctores de la Ley y los fariseos se dirigen a Jesús en persona, haciendo comparaciones y llamando la atención, porque los discípulos de Jesús no observan el ayuno. Ahora bien, el ayuno estaba prescrito solamente para el Día de la Expiación de los pecados (Lv 16, 30), pero los fariseos también ayunaban todos los lunes y los jueves (ver 18, 12).

En Palestina la fiesta del matrimonio duraba una semana, y durante este tiempo las obligaciones religiosas, como el ayuno, cesaban para los invitados. Ahora bien, ¿cómo van a ayunar los discípulos mientras Jesús —el novio— está con ellos? Ellos ayunarán y estarán tristes cuando Jesús les haya sido quitado, es decir, cuando Jesús haya muerto.

Las dos parábolas, la del manto y la del vino nuevo, destacan la novedad radical que Jesús ha traído para todos. Esta novedad no cabe dentro de esquemas, sistemas y estructuras viejas. ¿Para qué dañar una prenda nueva quitándole un pedazo para remendar una prenda vieja? ¿Para qué perder el vino nuevo echándolo en barriles viejos? Jesús provoca contraste y ruptura: la novedad del Evangelio no se compagina con las cosas viejas, ni siquiera con las cosas religiosas antiguas. De esta manera Jesús justifica la actitud de sus discípulos (5, 33), y además lanza una expresión irónica: *"Nadie, después de beber vino viejo, quiere del nuevo, porque dice: 'El añejo es el bueno'"*. Y es cierto. Las personas se acomodan a las viejas costumbres y no quieren cambios. Se detienen en la mitad del camino de la vida, y se dedican a criticar a quienes siguen adelante. Pero, como dice el proverbio popular: "Los perros ladran, pero la caravana sigue..."

Para reflexionar en grupos

1. ¿Qué pecados están detrás de las enfermedades y parálisis del pueblo? ¿Quién ha cometido esos pecados? ¿Cómo sanar la causa y no solamente los síntomas?
2. Jesús desenmascara la hipocresía social y la hipocresía religiosa. ¿Cómo se manifiestan hoy esas hipocresías? ¿Existen en nuestra comunidad?
3. Jesús no vino a traer tristeza, sino alegría. Comentar.
4. ¿Nuestra comunidad está abierta a la novedad de Jesús y del Evangelio, rompiendo con las cosas viejas y superadas?

13
LA LEY MAS GRANDE ES SALVAR AL HOMBRE
(6, 1-6)

Siguen los choques entre Jesús y los doctores de la Ley y los fariseos, que habían comenzado en 5, 17, y que llegarán hasta 6, 11. Los episodios fueron colocados en un orden progresivo, marcado por la reacción creciente de los adversarios: en la curación del paralítico, la oposición era latente (5, 21); durante la comida en casa de Leví, ellos se dirigen a los discípulos, aunque se refieren realmente a Jesús (5, 30); en el caso del ayuno, ellos cuestionan a Jesús en relación con los discípulos (5, 33); en el caso de las espigas, critican la violación de la Ley (6, 2) y deliberan sobre qué hacer contra él (6, 11). Todo esto muestra que las autoridades religiosas mantienen a Jesús en la mira, en busca de argumentos para desarticular y anular su actuación. Pero Jesús sigue su proyecto, escogiendo a los apóstoles que habrán de continuar su acción (6, 12-16).

Jesús libera de la ley
(6, 1-5)

La observancia de la ley del sábado era la más grande de las instituciones del judaísmo, y para esto habían sido establecidas leyes extremadamente rígidas y pormenorizadas, que prohibían cualquier actividad que se asemejara a un trabajo. Por ejemplo, los especialistas interpretaban el gesto de desgranar espigas de trigo como recolección y, por lo tanto, como violación del reposo sabático (6, 1-2; Ex 34.21).

Jesús responde a la acusación de los adversarios recurriendo a un ejemplo sacado de la Escritura (1S 21, 1-6): huyendo del rey Saúl, David y sus hombres entraron en el santuario y comieron los panes ofrecidos a Dios (los doce panes que se cambiaban cada sábado, y que sólo los sacerdotes del santuario podían comer; ver Lev 24, 5-9). Este antecedente celebrado en la propia Escritura, dice Jesús, muestra que *la ley positiva está subordinada al bien del hombre, y que la necesidad de sobrevivir está por encima de cualquier ley.*

Es la segunda vez que Jesús se arroga un derecho: el Hijo del Hombre, que tiene poder para perdonar pecados (5, 24), también es *"señor del sábado"* (6, 5). En otras palabras, Jesús está introduciendo un nuevo orden humano-religioso, donde las instituciones, estructuras, leyes y costumbres deben estar siempre al servicio del hombre, y pueden abolirse y caer a un segundo plano en cualquier circunstancia en que una necesidad urgente lo exija.

La ley más grande es salvar al hombre

(6, 6-11)

Según las interpretaciones de los especialistas, la ley del sábado cedía cuando había dudas sobre si una vida humana estaba en peligro. Pero Jesús va más allá de la excepción prevista, y cura a un hombre cuya vida no estaba de hecho en peligro.

Los especialistas, siempre los doctores de la Ley y los fariseos, espían lo que va a hacer Jesús; pero el evangelista hace notar que, si ellos son expertos, Jesús no es un ignorante, y sabe discernir las situaciones y percibir lo que ellos estaban tramando. Jesús les arma una situación difícil. Coloca al hombre con la mano seca en medio de todos, y lanza el desafío: "Yo os pregunto si en sábado es lícito hacer el bien en vez del mal, salvar una vida en vez de destruirla"(6, 9). La pregunta es significativa, pues, para Jesús, no hacer el bien equivale a hacer el mal, no salvar una vida equivale a ser responsable de que ella se pierda. Esto es dar un golpe mortal al legalismo rígido, que coloca la observancia de la ley por encima de cualquier circunstancia. En vez de esto, Jesús urge el cumplimiento de una ley mayor, que coloca por encima de todo: el bien de la vida. No hay nada más importante que salvar la vida, aunque no sea en caso de un peligro mortal.

Lo curioso es que este nuevo principio que establece Jesús no recibe aplauso. Por el contrario. Los especialistas en religión *"se ofuscaron y deliberaban entre sí qué harían a Jesús"* (6, 11). Jesús se vuelve una persona peligrosa para ellos, pues su palabra y acción denuncian que ellos no estaban en absoluto comprometidos con la vida ni con el bien de las personas. ¿Con quién o con qué estarían ellos comprometidos? ¿Pensarían que Dios quiere algo por encima de la vida, o alguna cosa contra el hombre? Pero Jesús ya ha dado la respuesta: dejar que una vida se pierda o sea disminuida es un mal que no puede ser deseado por el Dios vivo, que no quiere que nada se pierda, ni siquiera un pecador (Ez 18, 23.32; Sb 1, 12-13).

Así nos damos cuenta de que el proyecto de Jesús es obedecer al proyecto de Dios, que se basa en el Exodo y en el Génesis: Dios quiere libertad y vida para todos, comenzando por quienes que viven oprimidos y explotados. En este proyecto todo se subordina a la vida y al bien del hombre, puesto que la libertad es justamente la posibilidad de descubrir el camino de la vida y poder caminar por él.

Enviados a continuar la acción de Jesús
(6, 12-16)

En el Nuevo Testamento encontramos cuatro listas que enumeran a los doce apóstoles, aunque ninguna de ellas concuerda sobre el orden exacto de los nombres (ver Mc 3, 16-19; Mt 10, 2-4; Hch 1, 13-26). El nombre de *apóstol* significa "enviado", y es probable que Lucas haya proyectado hacia atrás, en el Evangelio, este término que en la Iglesia primitiva designaba al jefe de una comunidad cristiana.

La oración de Jesús antes de la elección refleja una costumbre cristiana que aparece en Hch 1, 23-26, subrayando que la primacía en la elección está reservada a Dios. Sigue la lista de los doce, y hace notar que Judas Iscariote *"se volvió traidor"*. Así es. Hasta entre los escogidos para continuar la palabra y la acción de Jesús existe alguien que traicionará la misión y hasta comprometerá el proyecto de Jesús. Esto parece haber seguido dándose a lo largo de la historia, lo cual exige espíritu crítico y discernimiento de la comunidad respecto a sus propios dirigentes. Pero la regla para el discernimiento es la misma: ¿el dirigente acepta y firma lo que Jesús realizó en el episodio anterior?

Lo más importante, sin embargo, es revisar nuestras convicciones personales y comunitarias para ver si, en el fondo, ellas reflejan o no la palabra y la acción de Jesús a través de nosotros. Los rótulos y las apariencias no sirven de nada. Cualquiera de nosotros puede ser el continuador de la traición que comenzó Judas Iscariote...

Para reflexionar en grupos

1. ¿Por qué la acción de Jesús va chocando cada vez más con la reacción hostil de las autoridades religiosas?
2. Todas las leyes e instituciones deben estar subordinadas al bien del hombre y a la promoción de la vida. Comentar.
3. ¿Tenemos hoy leyes que no tienen en cuenta la vida de la persona concreta?
4. No hacer el bien es hacer el mal, y no salvar una vida es ser responsable de su pérdida. Comentar.
5. ¿Nuestra comunidad está continuando lo que Jesús comenzó, o está traicionando su proyecto?

14 EL ANUNCIO DE LA GRAN LIBERACION (I)

(6, 17-36)

El texto de Lucas 6, 17-49 forma el así llamado "Sermón de la Llanura", y corresponde al "Sermón de la montaña, encontraremos muchas diferencias. La principal es que Lucas omitió todos los pormenores sobre costumbres y leyes judías, porque escribe sobre todo para los paganos. Mateo muestra que el cristianismo realiza la justicia que Dios quiere. Lucas está más preocupado por mostrar el rasgo esencial del mensaje cristiano: *la práctica del amor*. Así, a este evangelista no le interesa tanto señalar el espíritu del cristianismo, cuanto hacer resaltar el *comportamiento concreto* que expresa este espíritu.

El sermón reúne expresiones dispersas de Jesús, pero podemos distinguir claramente cuatro partes, con una introducción y una conclusión: introducción (6, 17-20); bienaventuranzas y malaventuranzas (6, 20-26); la gratuidad en las relaciones (6, 27-36); sólo Dios puede juzgar (6, 37-42); los actos revelan lo íntimo (6, 43-45); conclusión (6, 46-49).

Un momento solemne (6, 17-20)

Lucas prepara solemnemente la circunstancia del sermón: Jesús ora al Padre (6, 12), escoge a los apóstoles (6, 13-16), y se reúne con los discípulos y la multitud (6, 17). La expectativa es general, pues todos anhelan un mundo nuevo. Jesús es como un imán que atrae a todos los pobres y oprimidos que confían en su *palabra*, que revela un camino nuevo, que libera las conciencias, y creen en su *acción*, que cura y libera los cuerpos de la alienación que genera esclavitud, disminución de la vida, y hasta la propia muerte. Todos están listos para oír la proclamación solemne del camino que crea una nueva sociedad y una nueva historia, donde todos tendrán libertad y vida.

Bienaventuranzas y malaventuranzas (6, 20-26)

La mención del Hijo del Hombre en 6, 22 recuerda al Hijo del Hombre de Dn 7: el misterioso personaje que había de realizar el juicio e instaurar el Reino de Dios. Así, el conjunto de 6, 20-26 es, en realidad, la proclamación del Reino y del juicio, hecho por Jesús en nombre del Padre. El juicio es la manifestación de la verdad de cada uno, así como Dios la ve en profundidad. El Reino es la realización de la voluntad de Dios, que quiere libertad y vida para todos, comenzando por los pobres y oprimidos.

Lucas menciona cuatro bienaventuranzas (*"felices ustedes"*) y cuatro malaventuranzas (*"ay de ustedes"*), que equivalen a decir "los que Dios bendice" y "los que Dios maldice". Examinando más de cerca veremos que este juicio es una verdadera revelación que hace entender los contrastes creados en la vida social. Lucas reduce este contraste a la relación *pobre-rico*, de modo que tendríamos apenas una sola bienaventuranza y una sola malaventuranza.

Los *pobres* son los pobres reales, que pasan hambre y lloran de aflicción, pues su único recurso es la lucha por la justicia. Son los pobres exaltados por el profeta Sofonías, quien los ve como esperanza de una gran transformación, porque, a pesar de todo, continúan fieles al proyecto de Dios (So 2, 3; 3, 12-13). Estos pobres serán saciados y reirán, porque el Reino les pertenece desde ahora. Más aún, su felicidad es segura, aunque la lucha por la justicia que Dios quiere, haga que ellos sean odiados, marginados, insultados y maldecidos por la sociedad injusta, que rechaza el proyecto de Jesús. El versículo 23 llega a equiparar a los pobres con los profetas que anunciaban la justicia y luchaban por ella, y que eran perseguidos por los mantenedores de la injusticia. La persecución confirma el testimonio.

Los *ricos* son los ricos reales, que llevan vida de hartura y satisfacción, gracias a la explotación y opresión del pueblo, que así queda reducido a la debilidad y a la miseria. Lucas ve, por tanto, una relación estrecha entre la existencia de los ricos y la existencia de los pobres: los unos no existen sin los otros, porque la pobreza de la mayoría es consecuencia directa de la riqueza de una minoría. Y lo peor todavía es que esta clase privilegiada impide que los oprimidos luchen por la justicia, causándoles todo tipo de dificultades y marginaciones (6, 22). Y la última malaventuranza (6, 26) es más extensa, pues incluye no sólo a los ricos, sino también a sus compinches que, como falsos profetas, son doblemente culpables, pues ven la verdad pero tuercen todo a favor de los ricos y contra los pobres. Aquí pueden estar incluidos todos aquellos que, muchas veces en nombre de Dios y de Jesús, ven la desigualdad social, pero no sólo se callan, sino que inclusive tienen la osadía de distorsionar la verdad en favor de los injustos, sólo para conservar sus propios privilegios.

¿Entonces sólo los pobres pueden tener esperanza? No. El Evangelio es una última oportunidad para que todos comprendan y se conviertan al proyecto de Dios, que no quiere que nadie perezca, ni siquiera el mayor pecador (ver Ez 18, 23.32).

La gratuidad en las relaciones (6, 27-36)

En la sociedad nueva habrá nuevas relaciones, ya no marcadas por un "espíritu de comercio", sino por un espíritu de gratuidad. Así, el orden supremo es *amar a los enemigos* (6, 27.35). ¿Cómo así? ¿Amar a quienes nos odian, maldicen, calumnian, hieren, roban, prestan y no devuelven? Sí. Los pobres, fieles al proyecto de Jesús, están llamados a sobrepasar las relaciones basadas en el intercambio, en el trueque, donde todo es previsible y medido, y por lo tanto sin mérito alguno. *"Más bien, amad a vuestros enemigos; haced el bien, y prestad sin esperar nada a cambio"* (6, 35).

Gratuidad, por lo tanto. Pero esta gratuidad tiene un doble fundamento: el hombre y Dios. Primero, *"lo que queráis que os hagan a vosotros, hacédlo vosotros igualmente"* (6, 31). Aquí queda superada cualquier regla o medida externa. La medida es la propia expecta-tiva que existe dentro de cada uno en relación con los demás. No hay cómo escapar o quedarse esperando: es preciso comenzar de inmediato. Sin embargo, esto no basta todavía. La razón última del comportamiento gratuito para con los demás es el propio Dios: *"Sed misericordiosos como vuestro Padre es misericordioso"* (6, 36). En otras palabras: de tal padre, tal hijo. Dios quiere libertad ya vida *para todos,* ya no fue El quien creó a los ricos y a los pobres, a los opresores y a los oprimidos. Estas son diferencias creadas por los hombres y deben ser remediadas por los mismos hombres. Aquellos que comprenden y aceptan el proyecto de Dios y de Jesús serán capaces de una acción mayor, no fundada en los méritos del otro o en los de uno mismo, sino en el testimonio del propio Dios. Estos serán llamados *"hijos del Altísimo, porque Dios es bondadoso también con los ingratos y malos"* (6, 35).

Para reflexionar en grupos

1. ¿Cuándo y por qué los pobres son declarados felices?
2. ¿Por qué los ricos son declarados malditos?
3. ¿Cuál es la relación que existe entre el pobre y el rico?
4. ¿Por qué el Evangelio manda amar a los enemigos?
5. ¿Qué deseamos que nos hagan los otros?
6. ¿Qué significa ser misericordioso?

15
EL ANUNCIO DE LA GRAN LIBERACION (II)
(6, 37-49)

Los pobres son bendecidos porque Dios los escogió como los agentes y constructores de una nueva sociedad y una nueva historia. Como dice Lucas, ellos constituyen el núcleo profético que denuncia una sociedad injusta, y a través del clamor de ellos es como la sociedad se descubre y entra en juicio, abriendo las puertas al Reino de Dios. Este Reino se caracteriza por las relaciones de gratuidad, que superan el espíritu de comercio, y tiene la misericordia de Dios como su modelo y fundamento último. Por eso, los pobres aprenden también que sólo Dios puede juzgar (6, 37-42), y cada persona es conocida a través de sus actos (6, 43-45). Pero no basta conocer la palabra de Jesús; es preciso ponerla por obra, ponerla en práctica (6, 46-49).

Sólo Dios puede juzgar (6, 37-42)

Parte importante de las relaciones entre las personas es el juicio que uno hace del otro. Positivo o negativo, benéfico o maléfico, el juicio es siempre un prejuicio dentro del cual encajamos a los demás, promoviéndolos o anulándolos. Pero el Evangelio prohíbe totalmente el juicio: *"No juzguéis y no seréis juzgados; no condenéis, y no seréis condenados; perdonad y seréis perdonados. Dad y se os dará... Porque con la medida con que midáis se os medirá a vosotros"* (6, 37-38).

Esta es sabiduría antigua. Simplemente traduce lo que la psicología moderna ha descubierto como fenómeno de proyección: nosotros sólo vemos en los otros aquello que nosotros mismos somos. Confucio ya decía: "El hombre de bien, cuando ve una cualidad en los otros, la imita; cuando ve un defecto en los otros, lo corrige en sí mismo". Y esto es lo grave del asunto. Nuestro prejuicio sobre los demás nos hace ver lo que nosotros mismos somos. Y más todavía. Si tenemos en cuenta que la voz pasiva ("seréis juzgados... se os dará...") es una forma de referirse a Dios, el texto quiere decir que Dios nos trata de la misma manera como nosotros tratamos a los demás, lo cual puede volverse muy peligroso, según el caso.

¿Qué hacer ante esto? La parábola del ciego es clara: no quieras guiar a otros si no eres capaz de guiarte a ti mismo. La parábola de la brizna y de la viga es incluso más clara: antes de sacar la brizna del ojo del hermano, es preciso sacar la viga que está en el ojo propio (6, 39-42). Ahí está. Nuestras proyecciones sobre los demás, con todos los prejuicios que de ellas resultan, son un medio precioso para conocernos a nosotros mismos. Basta prestar atención a lo que dice el Evangelio y a lo que dice Confucio. Nuestros prejuicios manifiestan lo que somos nosotros, tanto positiva (cualidades), como negativamente (defectos). Querer que los demás sean perfectos o llenos de defectos es un modo de evitar mirar hacia uno mismo, lo que puede mostrar un espíritu infantil similar al del muchacho que quiere cambiar el mundo para sentirse bien. El Evangelio dice lo contrario: comienza por ti mismo, y el mundo ya será mucho mejor.

Los hechos revelan el interior (6, 43-45)

Otra gran preocupación de las personas es sobre cómo conocer a las personas. Sería una gran ilusión pensar que la pregunta directa es la mejor manera, pues el otro podrá muchas veces verbalizar sólo ilusiones sobre sí mismo. El Evangelio es más práctico. Con la parábola del árbol presenta la clave para ver lo íntimo de cualquier persona. Así como un árbol se conoce por sus frutos, así la persona puede conocerse íntimamente por los actos y las palabras que normalmente realiza y pronuncia. Dicho de otra manera, es la práctica concreta lo que revela qué es la persona. Quien tiene conciencia (=corazón) justa y recta, también realiza actos y palabras justos y rectos. Quien tiene conciencia torcida e injusta, también produce palabras y actos torcidos e injustos.

Notemos que tanto 6, 37-42 como 6, 43-45 se ocupan del discernimiento cristiano en las relaciones. El texto de 6, 37-42 destruye el juicio y el prejuicio en relación con los demás, al mostrar que es preciso en primer lugar conocerse a sí mismo. Mientras tanto, el texto de 6, 43-45 da la clave para conocer verdaderamente lo íntimo y las intenciones del otro. Uniendo esto con lo dicho sobre la gratuidad de las relaciones, 6, 27-36, tenemos un cuadro general para orientar todas las relaciones, sea con los prójimos ("hermanos"), sea con los distantes ("enemigos"). De esta manera el Evangelio es una fuente de renovación de todo tipo de relaciones, que muestra cómo la justicia vivida concretamente por los pobres se hace fuente de renovación social.

Quedaría una pregunta: ¿cuándo va a descubrir esto la sociedad? Esta es una pregunta típica de quien no quiere partir hacia la práctica. La cuestión es: ¿cuándo nosotros, por pocos que seamos, vamos a comenzar a poner en práctica esto?

Pasar a la práctica (6, 46-49)

"*¿Por qué me llamáis: Señor, Señor, y no hacéis lo que os digo?* (6, 46). Jesús critica duramente una concepción infantil de religión, donde la gente se queda esperando que Dios haga todo lo que ellas quieren o necesitan. Ahora, si nos fijamos bien, Dios ya hizo todo. El creó al hombre con toda la capacidad para resolver sus problemas. La cuestión es saber si las personas quieren o no salir del espíritu infantil del niño que llora en la cuna para que le traigan el tetero.

No basta saber lo que dice Jesús. Es necesario ponerlo en práctica para que la realidad sea transformada concretamente. La parábola de los dos constructores es simple y clara: el primero construyó una casa con cimientos de piedra; el otro construyó la suya directamente sobre la tierra. Vino la creciente, y la primera casa resistió, pero la segunda se vino abajo. Es lo que sucede con las personas que oyen el Evangelio. Quienes lo ponen en práctica están preparados para lo que venga. Pero quienes se contentan con oírlo no logran resistir a nada; en la situación difícil pierden por completo el piso.

Este final del sermón apela al buen sentido. El Evangelio, en el fondo, es palabra que revela el camino de la vida, que tanto anhelamos. Inteligentes seremos nosotros si lo ponemos en práctica. Pero si simplemente nos quedamos en el conocimiento sin hacer nada, será pura idiotez, de la cual ni Jesús ni Dios tienen la culpa, ni serán responsables de sus consecuencias.

Para reflexionar en grupos

1. Nuestros prejuicios, buenos o malos, siempre manifiestan lo que somos nosotros. Comentar.
2. ¿Cuáles son nuestros más grandes prejuicios?
3. ¿Cuál es la mejor forma de conocer a los demás?
4. ¿Por qué el Evangelio se interesa tanto por las relaciones entre las personas?
5. ¿Ponemos en práctica el Evangelio, o nos contentamos solamente con oírlo?
6. ¿La religión que vivimos es infantil o adulta?

16
JESUS ES LA VISITA DE DIOS
(7, 1-23)

La multitud que escuchó el "Sermón de la Llanura" buscaba la palabra de Jesús que lleva a la liberación concreta y a una nueva situación de vida, con la condición de que las personas encarnen esa palabra en la práctica. Es el gran anuncio de Jesús, que responde a la larga espera de los pobres de su pueblo. Sin embargo, la palabra de Jesús no queda reducida a los límites religiosos y geográficos de Palestina. Es una palabra que está dirigida también a los paganos para llevarles liberación (7, 1-10). De esta manera, Jesús y la palabra que da vida se vuelven la gran señal de que ha llegado la era mesiánica (7, 18-23).

La fe no tiene fronteras
(7, 1-10)

El episodio está íntimamente ligado con el sermón precedente (7, 1), porque Lucas quiere destacar que la palabra de Jesús va a llegar también a los paganos. El oficial romano, ciertamente un pagano, puede ser tanto un oficial del rey Herodes Antipas, como un centurión romano de servicio en la ciudad de Cafarnaúm. Nótese que Lucas hace hincapié en la relación igualitaria entre pagano y empleado ("estimaba mucho"), hasta el punto de que el patrón pagano recurre a la religión del empleado, que ciertamente era un judío. No se da un encuentro entre el oficial y Jesús. Lucas reserva el encuentro del Evangelio con el mundo pagano para el libro de los Hechos. En vez de esto, tenemos dos embajadas: la de los ancianos judíos y la de los amigos del centurión. Los ancianos subrayan los méritos del oficial, caracterizándolo como simpatizante del judaísmo, un "temeroso de Dios" como el centurión Cornelio (ver Hch 10, 1-2). Esto muestra que las personas no siempre están comprometidas con aquello que representan, a veces sólo lo hacen para sobrevivir. Había todas las razones para considerar al oficial como enemigo del pueblo: Jesús está ilustrando lo que había dicho en 6, 27-36. Además de esto, el oficial respeta profundamente las costumbres judías, pues sabe que un judío quedaría impuro si entrara en la casa de un pagano (ver Hch 10, 28; 11, 3). Todo esto prepara el enfoque de la atención hacia la palabra de Jesús, que tiene el poder de curar. Ella es como una orden que un oficial da a sus soldados, que realiza lo que ella ordena y significa, a saber, la liberación para la salud y la vida.

El culmen del episodio viene en el versículo 9: *"Os digo que ni en Israel he encontrado una fe tan grande"*. Es un pronóstico favorable a la misión cristiana entre los paganos. Pero también es un punto muy serio para la revisión de la comunidad: el Evangelio muchas veces puede encontrar más eco en quienes están fuera de la comunidad, que en quienes están dentro y que afirman estar comprometidos con la palabra y la acción de Jesús. El texto hace pensar en todos los cristianos anónimos que, aunque no conocen a Jesús, interior y exteriormente lo siguen en la práctica de la justicia, quizás hasta haciendo más que los cristianos explícitos.

"Dios ha venido a visitar a su pueblo" (7, 11-17)

Podemos imaginar la escena: Jesús, los discípulos y la multitud se acercan a la puerta de la ciudad de Naím, y se encuentran con un grupo de hombres que va a enterrar un difunto. La descripción de la gravedad de la situación es rápida: *"Era hijo único y su madre era viuda"* (7, 12). Al ver esto, Jesús se siente *movido a la compasión.* Es la única vez que este Evangelio atribuye tal emoción a Jesús. Tanto en hebreo como en griego la palabra expresa un movimiento que parte de las entrañas de la persona, para indicar la fuerte emoción. Nuestro término "compasión" indica, a su vez, solidaridad: sufrir junto al otro. Jesús entra en el sentimiento íntimo de aquella madre que ha perdido todo lo que le quedaba.

Nuevamente tenemos la palabra soberana que trae la vida. Primero Jesús impide el llanto que expresa el dolor. Algo va a suceder. Después, toca la estera (no un cajón como los nuestros) donde llevaban al difunto, y ordena: *"Joven, ¡a ti te lo digo: levántate!"* (7, 14). Y la vida retorna, gracias a la palabra-orden de Jesús.

El significado del episodio aparece como un eco en la reacción y en las palabras de la multitud. El miedo es la reacción típica ante una gran intervención de Dios; luego, es seguido por la alabanza: *"Un gran profeta ha surgido entre nosotros, y Dios ha visitado a su pueblo"* (7, 16). Es uno de los puntos culminantes de toda la actividad de Jesús en Galilea. Como resultado de la misma, el pueblo llega a ver en El a *"un gran profeta"*, es decir, un enviado que trae la *"visita de Dios"*, o sea la acción del Dios que libera para la vida. Esta identificación de Jesús hace pensar en el profeta Elías y también en Eliseo, los padres del profetismo, que también resucitaron muertos (ver 1R 17, 17-24; 2R 4, 18-37). La acción de Jesús, a su vez, realiza lo que había sido anunciado en 1, 68.78: Dios visita a su pueblo a través de Jesús, dándole libertad y vida.

La era mesiánica ha llegado
(7, 18-23)

Lucas siempre subraya que la fama de Jesús se va extendiendo por todas partes (7, 17). De esta manera Juan el Bautista llega a saber acerca de todo lo que Jesús dice y hace, y ciertamente se pregunta sobre el desarrollo de las cosas. Al fin, él había anunciado la venida del Mesías como juez terrible que traería el juicio implacable (ver 3, 9.16-17). Pero Jesús parece estar haciendo otra cosa. Y Juan pide que le pregunten: "*¿Eres tú el que ha de venir, o debemos esperar a otro?*" (7, 19).

Jesús no da una respuesta con palabras, sino que manda contar a Juan lo que se puede ver y oír: "*Los ciegos ven, los cojos andan, los leprosos quedan limpios, los sordos oyen, los muertos resucitan, se anuncia a los pobres la Buena Nueva*" (7, 22). Ahora bien, todas estas cosas eran anunciadas por los profetas como características de la era mesiánica (ver Is 26, 19; 29, 18-19; 35, 5-6; 61, 1). En otras palabras, lo que Jesús dice y hace prueba concretamente que la liberación de la era mesiánica ha llegado.

¿Se habría engañado Juan al anunciar a Jesús como juez? No. Como lo va mostrando el propio Evangelio, la palabra y la acción de Jesús son al mismo tiempo denuncia y anuncio. Denuncian la sociedad y la historia que masacran al pueblo, y anuncian una sociedad e historia nuevas, en donde el pueblo será liberado para convertirse en el agente de un mundo nuevo, centrado en la vida. A partir de los débiles y de los pobres es como nace la esperanza de una nueva realidad para todos. Esto atestigua el triunfo de la justicia de Dios, que responde a la lucha de los pobres por la justicia. Esta es la señal del gran juicio.

Para reflexionar en grupos

1. La palabra y la acción del Evangelio no deben quedar encerradas en la comunidad cristiana. ¿Cómo hacerlas llegar a todos?
2. El Evangelio es palabra que anuncia y hace brotar vida. ¿Cómo puede la comunidad anunciarlo y practicarlo para promover la vida?
3. ¿Qué es lo que impide a la comunidad abrirse a quienes no hacen parte de ella?
4. El gran anuncio se concreta por una práctica que demuestra la verdad de lo que se anuncia. ¿Sucede esto entre nosotros?
5. Jesús provoca un gran juicio. ¿Cómo se realiza éste?

17
LA GRATITUD DEMUESTRA EL PERDON
(7, 24-50)

El episodio de 7, 18-23 es una especie de revisión de la actividad de Jesús para mostrar que, a través de ella, la liberación de la era mesiánica ha llegado. A continuación trae una revisión de las reacciones del pueblo a esta realidad. Cuando Juan predicaba y bautizaba (3, 1-20), el pueblo lo buscaba. Pero, ¿qué buscaba en él? (7, 24-30). Y las autoridades, ¿por qué no lo aceptaron? ¿Qué pretendían estas autoridades al rechazar a Juan y a Jesús? (7, 31-35). La gran acusación que hacen es que Jesús es *"amigo de los pecadores"* (7, 34). De hecho, los pecadores y perdidos son los preferidos de Jesús. Pero, ¿por qué?

¿Qué fueron a buscar ustedes?
(7, 24-30)

Concluida la respuesta a Juan, viene ahora un cuestionamiento general dirigido a todos: ¿Qué fue lo que la gente fue a buscar cuando se dirigieron al desierto a la orilla del Jordán? Las preguntas de los versículos 24 y 25 son irónicas, y muestran que los ricos y poderosos, que para sostener su riqueza y poder viven prometiendo salvación para el pueblo, no se encuentran en esos lugares, sino en los palacios, mimados por todo tipo de regalos y comodidades. Pero el pueblo sufrido sabe muy bien que de ellos sólo se puede esperar lo peor.

El pueblo quiere esperanza y el profeta es quien muestra el camino de la esperanza. Y Juan es todavía más grande que un profeta, pues en él se cumple la palabra de Ml 3, 1: *"He aquí que yo envío a mi mensajero a allanar el camino delante de ti"* (7, 27). Pero asimismo, Juan pertenece al Antiguo Testamento, tiempo de aspiraciones, esperanzas y promesas. Ahora es el tiempo de Jesús, en que las promesas se cumplen y las aspiraciones se realizan. El versículo 28 no quiere hacer comparaciones de valor sino simplemente decir que los que pertenecen al Reino inaugurado por Jesús son más privilegiados que Juan. Y, podríamos añadir, todo cristiano que conoce a Jesús tiene la misma misión que cumplió Juan: señalar a Jesús a quienes todavía no lo conocen (leer Jn 1, 26.35).

Los versículos 29 y 30 quizá no corresponden a las palabras de Jesús. Son un balance sobre la actividad de Juan, que prepara lo que se dirá en 7, 35. El pueblo despreciado (ver Jn 7, 49) y los considerados "pecadores públicos" aceptaron el camino señalado por Juan. Pero las autoridades religiosas lo rechazaron, y con esto se incluyeron en la peor de las condenas: *"Hicieron inútil para sí mismos el proyecto de Dios"*.

¿Qué es lo que ustedes quieren?
(7, 31-35)

El texto es una crítica severa a las autoridades religiosas —los doctores de la Ley y los fariseos. La parábola de los niños que juegan a fiesta de bodas (flauta y danza) y de velorio (música triste y llanto) muestra que estas autoridades buscan una disculpa para todo, rehusando, según el momento, hacer cualquier cosa. Viendo la vida severa que llevaba Juan, decían que era un endemoniado; hoy dirían que era un loco. Viendo la condescendencia de Jesús, dicen que es un buena-vida, *"amigo de los cobradores de impuestos y de los pecadores"*, justamente aquellos que habían aceptado la invitación de Juan y habían llegado a encontrarse con Jesús.

Estas autoridades religiosas juzgan tener a "Dios en su vientre", y están dispuestas a "encontrarle pelos al huevo" en todo lo que podría amenazarlos y exigirles cambios. Al fin, ellas terminan siendo criticadas como tontas e idiotas, pues los *"hijos de la sabiduría"* del versículo 35 son exactamente a quienes ellas desprecian. Es decir, el pueblo común y despreciado y los mayores pecadores fueron inteligentes y aceptaron la conversión anunciada por Juan y el compromiso con Jesús. Ser sabio es escoger el camino de la vida. En cambio, el idiota cierra los ojos y se tapa los oídos, y acaba destruyéndose a sí mismo.

La gratitud demuestra el perdón
(7, 36-50)

Ahora tenemos el ápice de los episodios anteriores: el encuentro de un fariseo con una pecadora delante de Jesús. Es un pasaje exclusivo de Lucas; con él el evangelista ilustra lo que dijo en 7, 34.

El fariseo, según la costumbre, invitó a Jesús a comer, pero olvidó, u omitió adrede, los gestos orientales de respeto y bienvenida (7, 44-46). Jesús está reclinado en la mesa, después de haber dejado las sandalias en la puerta. La mujer era ciertamente una prostituta bien conocida. La comida tenía un carácter social, y los curiosos solían entrar al recinto para oír la conversación. La mujer entra y comienza a hacer gestos inusitados:

lava los pies de Jesús con las lágrimas, los enjuga con sus cabellos, los besa y los unge con perfume...

El fariseo hace un juicio, pensando que si Jesús fuera un profeta sabría quién era aquella mujer, y no permitiría su gesto. ¿Por qué? Porque el contacto con una prostituta dejaba impura a la persona, es decir, la apartaba de Dios. Este era el procedimiento prescrito por los escribas y seguido por los fariseos: exorcizar el mal y permanercer lejos de él; es decir, lo que está perdido está perdido del todo.

Jesús percibe lo que Simón piensa y propone una parábola-trampa con sentido obvio: el deudor que debe más y es perdonado muestra siempre mayor gratitud (7, 41-42). De esta manera Jesús introduce el contraste entre la actitud del fariseo y la de la pecadora. El fariseo se juzga justo y es arrogante hasta infringir las normas de la buena educación. Ella, en cambio, desborda en signos de gratitud para probar que sus pecados habían sido perdonados. Aquí llegamos al núcleo de la cuestión: quien fue perdonado poco, demuestra poca gratitud; quien fue perdonado en mucho, demuestra mucha gratitud. Es decir, que la gratitud es proporcional al perdón recibido. Y queda abierta otra pregunta: ¿Quién hay que no necesite ser perdonado de muchos pecados, cuando menos por el hecho de vivir en una sociedad hipócrita e injusta, que impide que las personas sean ellas mismas? Comprometido con esta sociedad, el fariseo no se juzga necesitado de perdón, ni obligado a mostrar gratitud. La mujer pecadora, marginada por la propia sociedad, se compromete con Jesús y su proyecto, es liberada y demuestra su gratitud. Así queda ilustrado lo que ya se decía en 7, 30: "A pesar de su pasado, esta mujer está más cerca de Dios que las autoridades, porque ella demuestra la gratitud, signo de su conversión".

Los versículos finales (7, 48-50) seguramente fueron añadidos a la escena por sintonía con el tema del perdón. El paso de la gratitud-amor al tema de la fe, es una interpretación.

Lo difícil para muchos de nosotros es aceptar que el público que acoge a Jesús es, en general, aquel a quien los pretendidos justos juzgan como "perdido sin remedio". De hecho, para la sociedad injusta que lo produjo, él es del todo irrecuperable. Pero para la sociedad que nace de la justicia y de la misericordia ése es el pueblo preferido de Dios, que lo libera para una nueva vida, esperanza de una nueva sociedad y una nueva historia. Los caminos de Dios desafían a nuestros mejores caminos, que, en general, terminan por revelarse descarríos...

Para reflexionar en grupos

1. ¿Qué es lo que quiere el pueblo cuando busca a los poderosos?
2. ¿Por qué las autoridades de aquel tiempo resistieron a Juan y a Jesús?
3. Cuando la gente no quiere cambiar, siempre busca una disculpa. Citar y comentar ejemplos.
4. ¿Por qué el perdón lleva siempre a la gratitud?
5. Los preferidos de Dios son aquellos a quienes consideramos perdidos e irrecuperables. Comentar y sacar las consecuencias.

18
EL REINO TRIUNFARA
(8, 1-21)

En pleno desarrollo de la actividad de Jesús en Galilea, nos quedamos como Juan el Bautista, preguntando: ¿Realmente resultará exitoso el Reino que produce una nueva sociedad y una nueva historia? Jesús enfrenta muchas dificultades y, después de El, también los que lo siguen. ¿Cuál será el final de todo? La respuesta viene en la parábola del sembrador (8, 4-8), que sólo pueden entender las personas comprometidas con Jesús (8, 9-10). Está claro que habrá muchas dificultades, inclusive en la comunidad cristiana (8, 11-15). Sin embargo, los verdaderos seguidores de Jesús continuarán la palabra y la acción de El (8, 16-18) y de esta práctica es de donde vendrá el Reino, para crear relaciones fundadas en la justicia y en la misericordia (8, 19-21).

Mujeres discípulas de Jesús
(8, 1-3)

Esta breve noticia es importante en Lucas, pues él quiere mostrar que el cristianismo rompió con la práctica del judaísmo, que apartaba a las mujeres de los asuntos religiosos, y también justificar el ministerio de las mujeres en la Iglesia primitiva (ver Rm 16, 1.3.6.12-13;

1Co 16, 19). Siguiendo su práctica liberadora, Jesús las libera de los *"espíritus malos y enfermedades"*, y ellas se convierten en discípulas suyas. ¿Cuáles serían esos "espíritus malos y enfermedades" que apartarían a las mujeres del seguimiento de Jesús y de la libertad y vida que Dios quiere para todos?

El Reino triunfará
(8, 4-8)

En el auge de la actividad en Galilea encontramos la parábola del sembrador, que Lucas procura adaptar a sus lectores paganos. El énfasis está en el final: a pesar de todas las contrariedades y obstáculos, el sembrador tiene una cosecha superior a las expectativas. Lo mismo sucederá con el Reino anunciado por Jesús: a pesar de todas las dificultades, se implantará más allá de lo que se espera. Los pobres no serán defraudados, porque el Reino, que ya les pertenece (6, 20), transformará la sociedad y la historia para realizar la voluntad de Dios en respuesta a la súplica de los pobres.

Sólo quien se compromete puede entender
(8, 9-10)

En aquel tiempo era costumbre que los maestros explicaran el sentido de las parábolas a los discípulos. Lo mismo debía suceder con Jesús. Los discípulos preguntan el sentido de la parábola del sembrador, pero la respuesta de Jesús es más amplia, pues *"los misterios del Reino de Dios"* abarcan toda la palabra y la acción de Jesús. Los discípulos pueden entender porque están comprometidos con Jesús y lo siguen. ¿Comprender qué? Que el Reino de Dios ya está presente en Jesús y en su actividad. ¿Y los otros? Los otros quedan "por fuera", y ven todo simplemente como un "cuento" cuyo significado desconocen.

Hasta la comunidad tiene dificultades
(8, 11-15)

La explicación de la parábola es, en realidad, una adaptación alegórica hecha por la comunidad cristiana, que la traslada a su propia situación. Antes la parábola quería decir que Jesús tendría éxito y el Reino se implantaría. Ahora el texto hace un análisis de la reacción de las personas a la palabra del Evangelio (=semilla). Cada tipo de oyente es un tipo de terreno que reacciona en forma diferente; la explicación se convierte en una invitación para que la comunidad examine profundamente hasta qué punto se ha dejado convertir por el Evangelio.

¿Qué es lo que puede confundir a la comunidad? El diablo con sus tentaciones (4, 1-13), las dificultades que minan la buena voluntad, además de las preocupaciones, de la búsqueda de riqueza y de placeres. En fin, un compromiso que queda reducido a la mitad, y que acaba por falsificar completamente la adhesión al Evangelio. Se sigue el Evangelio en la medida en que los otros compromisos lo permiten, como si fuera posible andar con los pies en dos canoas... ¿Todo está perdido? No. El final es alentador: hay unos que oyen *"con corazón bueno y recto, y fructifican con perseverancia"* (8, 15). Son los verdaderos convertidos que, a pesar de todo, continúan la obra de Jesús. A través de ellos el Reino se va haciendo presente y va transformando la realidad.

No atrapar el Evangelio
(8, 16-18)

Estas sentencias aparecen en otros lugares (ver 11, 33; 12, 12; 19, 26), para mostrar que son dichos separados que Lucas agrupó aquí. ¿Qué quiere decir? Ciertamente que El se dirige a los discípulos como oyentes del Evangelio. No basta oír y guardar. Es preciso difundir el anuncio, pues la enseñanza de Jesús no es una doctrina esotérica que deba ser guardada cuidadosamente o confiada a unos pocos. Por el contrario, es palabra que libera y no puede ser callada o ahogada. El discípulo comprende el misterio del Reino (8, 10), pero si no lo anuncia, corre el peligro de perder inclusive la comprensión que creía tener.

¡No basta oír!
(8, 19-21)

Es la conclusión que el evangelista da para la enseñanza de Jesús en parábolas. Por el modo como está construido el texto, todo gira en torno a 8, 21: *"Mi madre y mis hermanos son aquellos que oyen la Palabra de Dios y la cumplen"*. Es el mismo tipo de conclusión que encontramos al final del *"Sermón de la Llanura"* (6, 46-49), que muestra una de las preocupaciones fundamentales de este evangelista.

Esto equivale a decir que la nueva humanidad es aquella que, libre y llena de vida, oye y practica el Evangelio, que es la Palabra de Dios revelada por Jesús. Esta tarea es todavía más importante que los propios lazos familiares, porque de ella surge el mundo nuevo, lleno de libertad y de vida para todos. El texto en sí puede chocarnos, pues siempre miramos nuestra familia y nuestras relaciones más cercanas como el todo de nuestra vida. Sin embargo, el Evangelio hace descubrir un panorama mucho más amplio, al romper todas las fronteras con que procuramos aislar y proteger nuestras relaciones. En el fondo, lo que el Evangelio pide es siempre un punto de partida, sin delimitar nunca la meta de llegada. Lo que hace a la vida es su dinamismo en acto, que en cada momento responde a nuevas situaciones, buscando la transformación hacia una mayor libertad y vida.

Para reflexionar en grupos

1. Van ya veinte siglos de evangelización y parece que todavía no ha llegado el Reino. ¿Cómo explicar esto?
2. Las mujeres también pueden ser discípulas de Jesús. ¿Cómo pueden ellas realizar esto hoy?
3. ¿Por qué solamente en el compromiso y en el seguimiento de Jesús podemos comprender el sentido de su vida y de su acción?
4. ¿Cuáles son las principales dificultades que impiden a nuestra comunidad dar los frutos que pide y promete el Evangelio?
5. ¿Qué ha hecho nuestra comunidad para poner en práctica el Evangelio que ella ha escuchado?

19
JESUS RESTAURA LA VIDA DE TODOS
(8, 22-56)

Después de la exhortación a poner en práctica la palabra del Evangelio, Lucas muestra concretamente de qué es capaz esta práctica. No es que la palabra de Jesús en los Evangelios sea mágica. Es que ella ayuda a comprender la voluntad de Dios y también a descubrir en ella el mayor impulso que brota de dentro de nosotros mismos, en nuestras más profundas aspiraciones. En el fondo, la Palabra de Dios es la articulación comprensible de nuestro mayor impulso hacia la libertad y la vida, que no tiene límites.

Y la Palabra debe llegar a todos, en todos los lugares (8, 22-25) para liberar a quienes están alienados y viven como muertos (8, 26-39), y también a quienes tienen la vida disminuida o segada antes de tiempo (8, 40-56).

Ir hasta los otros (8, 22-25)

La travesía del lago de Genezaret o mar de Galilea llevaba a la tierra de los paganos, en este caso Gerasa (8, 26). Es un signo de que el Evangelio debe ser llevado también a los paganos. Pero, ¡qué difícil era esto para los discípulos! También lo es para nosotros hoy. Todos solemos quedarnos tranquilos y acomodados dentro de nuestras fronteras conocidas, porque nos da miedo de todo aquello que se presenta como desconocido.

La tempestad es una figura de la resistencia de los discípulos para ir hasta los demás. El mar embravecido también es una figura de las naciones extranjeras que amenazan al pueblo de Dios (Sal 65, 8). Pero Jesús es el Señor de la historia y de las naciones. Con su Palabra domina todo, como lo hacía con los demonios (4, 35).

Y aquí se plantea a la comunidad una pregunta: ¿Confía en Jesús, presente en ella aunque parezca estar dormido? Si no confía, ¿dónde están su fe y su confianza? ¿Quizá paralizadas por la duda y la incredulidad, tal vez imaginando con presunción que el Reino se realiza únicamente por las capacidades humanas?

Para desalienarlos (8, 26-39)

Así como una expulsión del demonio había marcado el comienzo de la acción de Jesús en medio de su pueblo (4, 31-37), lo mismo sucede en tierras paganas. Jesús encuentra un superendemoniado, poseído por una "*Legión*", nombre que se daba a un destacamento romano con cerca de 6.000 soldados. Por lo demás, la dominación romana era el principal demonio en toda la región. Además, el *cerdo* era considerado un animal sagrado y uno de los símbolos del poder romano. Así, la ruina de los puercos simboliza también la liberación del yugo de la esclavitud bajo el poder de Roma.

El endemoniado vivía una vida sub-humana o completamente inhumana, reducido prácticamente a un bicho: desnudo, encadenado y esposado, habitaba en lugares desiertos y cementerios. Es la figura del pueblo completamente alienado de sí mismo, que vive como un muerto evitado por todos. Pero lo curioso es que los demonios, como siempre, saben que Jesús es el Mesías enviado por Dios (ver 4, 3.34.41). ¿Por qué? Porque ellos saben muy bien que Jesús es el más fuerte y puede derrotarlos. El mal siempre está sobre aviso, pues la verdad y la justicia son una amenaza permanente para su poder, siempre basado en la mentira y en la injusticia.

Viene la negociación: salir del hombre y entrar en los puercos. Debía ser una manada grande, por lo menos de 6.000(=legión). El acto termina en una total autoaniquilación, porque el mal contiene en sí mismo el germen de su propia destrucción. Pero es muy curiosa la reacción de la gente. Los guardas de los puercos salen corriendo y riegan la noticia. Todos vienen a ver lo sucedido. Ciertamente se espantan. ¿Por qué? ¿Por la liberación del hombre o por la pérdida de los 6.000 puercos? Parece que la segunda hipótesis es la más probable, ya que piden a Jesús que se vaya de la región. No quieren perder más puercos..., ésta es la dura verdad: las personas suelen valorar más los bienes materiales que la vida humana libre y consciente. ¿No es esto lo que en general sucede entre nosotros?

En cuanto al hombre liberado, él quiere quedarse con Jesús. Pero Jesús le hace ver que su misión es anunciar, contar a todos lo que Dios ha hecho con él. Por lo tanto, se vuelve evangelizador, cuya principal función es anunciar la fuerza liberadora que emana de Jesús y del Evangelio.

Y devolverles la vida (8, 40-56)

Jesús vuelve en medio de su pueblo y se encuentra con dos casos en los que está amenazada la vida: la mujer con una hemorragia de 12 años y la niña de doce años que está al borde de la muerte. El hecho de que Jairo sea el jefe de la sinagoga judía parece indicar la petición del judaísmo al cristianismo: liberación y vida.

Jesús es apretujado por la multitud, pero siente que ha sido tocado por la fe de alguien que desea la vida. La mujer seguramente se escondía porque, según la Ley, su problema de salud la hacía impura, y no sólo a ella, también a las personas a quienes ella tocara (Lv 15, 25). Pero la curación es atestiguada delante de todos: "*Hija, tu fe te ha salvado. Vete en paz*"(8, 48). Aquí está la clave del milagro: es la fe y la confianza en el poder de Jesús lo que ocasiona la curación.

Fe y confianza es lo que Jesús pide a Jairo cuando llegan con la noticia de que la niña ya ha muerto: *"Solamente ten fe y se salvará"* (8, 50). Otros dos pormenores hacen pensar que estamos aquí delante de la fe en la resurrección: primero que Pedro, Juan y Santiago son también los testigos de la gloria de Jesús (9, 28), y segundo que la visión de la muerte como sueño del cual se despierta por la resurrección es común en la Iglesia primitiva (Ef 5, 14).

Las dos curaciones tienen que ver con la liberación para la vida. La mujer enferma estaba acorralada por un problema que la marginaba de la convivencia social. La niña había muerto prematuramente. Aquí habría que preguntar: ¿Cuáles son los factores que aprisionan a la mujer y la marginan, esclavizándola en la soledad y en la enfermedad? ¿Cuáles son los factores que acaban por comprometer tan pronto la vida, hasta el punto de acarrear la muerte de tantos niños, a veces antes del primer año de vida? La fe en la resurrección no debe activarse solamente hacia el final de una larga vida, cuando la muerte es el proceso natural. La fe debe atacar las causas que provocan la disminución de la vida y la muerte prematura. Porque Dios no quiere que nadie viva como muerto ni que muera antes de tiempo.

Para reflexionar en grupos

1. ¿Por qué es difícil ir hasta los otros para anunciar el Evangelio?
2. La sociedad suele dar más valor a los bienes materiales que a la vida humana. Comentar con ejemplos.
3. ¿Cuáles son los problemas que marginan a la mujer de la convivencia social? ¿Sucede también esto en nuestra comunidad?
4. ¿Cuáles son las causas de la mortalidad infantil? ¿Qué hace nuestra sociedad frente a esto? ¿Y nuestra comunidad qué está proyectando frente a esta dura realidad?

20
JESUS SACIA EL HAMBRE DEL PUEBLO
(9, 1-17)

Caminando hacia el final de la actividad de Jesús en Galilea, encontramos algunos episodios importantes. El primero es la misión de los discípulos (9, 1-6), calcada sobre la misión del propio Jesús. Luego tenemos la breve noticia de la conmoción ocasionada por la actividad de Jesús, cuya fama llega hasta las autoridades (9, 7-9). El otro aspecto importante es la así llamada "multiplicación" de los panes, que, en el fondo, presenta el proyecto de Jesús aplicado al lado económico de la vida del pueblo (9, 10-17). Los tres episodios muestran que la palabra y la acción de Jesús tiene serias implicaciones en la vida concreta del pueblo. La venida del Reino no es algo que se yuxtapone a lo que ya existe, sino que transforma todo lo que existe en una nueva realidad, al proyectar nuevas relaciones entre las personas y nuevos rumbos para la historia.

Continuadores de Jesús
(9, 1-6)

La misión confiada a los discípulos deja claro que la misión de Jesús no es exclusiva de El, y que nadie tiene la disculpa de que "El podía hacer lo que hizo porque era Dios". Lo que los discípulos reciben es la misma *autoridad* para anunciar el Evangelio que libera, y el *poder* para expulsar los demonios que alienan al pueblo y curar sus enfermedades. Los discípulos ya habían visto lo que hacía Jesús; ahora ellos debían hacer lo mismo.

Las instrucciones son importantes. Nada de grandes preparativos ni acumulación de comodidades o seguridad. El discípulo debe confiar en ser bien recibido y atendido en sus necesidades. No debe ir de casa en casa, creando rivalidades y corriendo el peligro de buscar mejores hospedajes. La casa escogida en una ciudad o aldea se convertirá en el centro de la actividad —costumbre cristiana antigua, que establecía el polo de la comunidad en una determinada casa— (Rm 16, 5; 1Co 16, 19; Col 4, 15; Flm 2). Otro punto es no perder tiempo con quienes no aceptan el anuncio y la práctica del Evangelio: "Sacudir el polvo de los pies" era un gesto típico de los judíos cuando dejaban un territorio pagano, signo de que nada tenían que ver con el lugar. El resumen del versículo 6 retoma nuevamente la misión de Jesús, destinada a llegar a todos (4, 43). Se recuerdan los rasgos fundamentales: anunciar el Evangelio que libera, y confirmar el anuncio con la acción práctica (curaciones).

Jesús provoca inquietud
(9, 7-9)

Sería extraño que la actividad de Jesús, realizada públicamente, no hubiera repercutido en todos los lugares, pasando de boca en boca y causando las más diversas reacciones. Es así como la noticia termina por llegar hasta las autoridades, que procuran siempre mantener al pueblo en "orden y seguridad". Los rumores llegan hasta Herodes Antipas, tetrarca de Galilea. Pero llegan con las interpretaciones populares, que siempre tienen algún fundamento.

El núcleo de la noticia es la pregunta: ¿Quién es Jesús? Según algunos, Jesús es Juan que ha resucitado de entre los muertos. De hecho, Jesús comenzó su misión después de la de Juan. Otros dicen que es Elías quien se había aparecido. De hecho, se esperaba la vuelta de Elías, el profeta que prepararía la gran intervención de Dios (Ml 3, 1). Otros También decían que Jesús era uno de los antiguos profetas que habría resucitado. En efecto, Jesús trajo la era mesiánica que anunciaban los profetas.

Pero, ¿quién es Jesús? Herodes no cree en la resurrección: *"A Juan lo decapité yo"*. Como toda autoridad, Herodes había puesto fin al profeta que incomodaba, cortándole la cabeza. Pero la cosa continúa. ¿Cómo? Entonces desea conocer a Jesús para satisfacer su curiosidad, lo que tendrá lugar en 23, 8, aunque con una gran frustración.

La presencia y la acción de Jesús no pasan desapercibidas: agitan al pueblo, incomodan a las autoridades y suscitan preguntas. Lo mismo sucede con aquellos que lo siguen: también éstos provocarán reacciones y transformaciones. Nadie puede sentirse indiferente ante el Evangelio que libera a las personas y transforma la realidad, pues todos son alcanzados de uno u otro modo —unos para ser juzgados como opresores y explotadores, otros para ser liberados de la opresión y explotación practicadas por los primeros.

Jesús sacia el hambre del pueblo
(9, 10-17)

Los discípulos vuelven de la misión. Aquí encontramos la diástole y la sístole de la acción evangelizadora: ir a anunciar y volver para revisar. Pero no siempre hay tiempo, dada la urgente necesidad que de Jesús tiene el pueblo. Este continúa anunciando el Reino y curando — la teoría (palabra) y la práctica (acción) del Reino. Pero toda la escena fue montada en función de lo que iba a suceder.

El día va llegando a su final y los discípulos se preocupan por la *situación del pueblo*: alojarse y comer, es decir, atender a las necesidades básicas. La respuesta de Jesús es casi cómica: *"Dadles vosotros de comer"* (9, 13). En otras palabras, el Evangelio es anuncio, curación y también alimento material. Los discípulos responden mostrando lo poco que tienen: cinco panes y dos peces para 5.000 hombres (con mujeres y niños, ciertamente). ¿Cuál es la solución? ¿Comprar? He aquí el problema: ¿Dónde conseguir dinero para la comida de tanta gente? Jesús tiene otro medio. Su proyecto es organizar al pueblo (sentarse en grupos) *y repartir lo poco que se tiene, de manera organizada* (Jesús reparte y los discípulos distribuyen). Resultado: todos comen, quedan satisfechos, y aún sobra tanto como para alimentar a todo el pueblo de Dios (doce cestos = 12 tribus de Israel).

Lo que está en juego es una aplicación del Evangelio al mundo de la economía. Es decir, la superación de una relación de *comercio* (compra y venta) por una relación de *coparticipación* (repartir y distribuir). Cuando cada uno reparte lo poco que tiene, todos quedan satisfechos y saciados, y todavía sobra mucho. Es lo contrario de la acumulación, donde pocos tienen todo, y la mayoría queda sin nada. De esta manera, el Evangelio sugiere indirectamente lo contrario de la acumulación, que genera riqueza al lado de la pobreza. El compartir igualitario sería la nueva relación económica del pueblo de Dios. Pero para esto es preciso organizar al pueblo, es decir, reeducar radicalmente la mentalidad, para que el pueblo perciba que solamente a través de un compartir justo podrán ser atendidas las necesidades de todos.

La escena de los panes se perpetuó en la Eucaristía cristiana, como gesto que recuerda el don de Dios repartido entre todos, para que todos tengan vida. Por esta razón, la Eucaristía es siempre una denuncia y un anuncio. Denuncia de los proyectos económicos basados en la *acumulación*, que genera el hambre y la miseria, y anuncio del *don compartido*, único medio para que todos tengan acceso a los bienes que Dios destinó a la humanidad. Por lo tanto, Eucaristía es juicio y salvación. Ojalá no estemos siendo juzgados y condenados cuando participamos de ella...

Para reflexionar en grupos

1. ¿Nuestra comunidad también se vale de la disculpa de que sólo Jesús podía realizar el proyecto de Dios?
2. ¿Qué piensa la gente acerca de Jesús? ¿Qué piensa nuestra comunidad? ¿Qué significa El para nosotros?
3. ¿Nuestra comunidad ha incomodado alguna vez a la sociedad y a las autoridades? Recordar situaciones.
4. ¿Cuál es el sentido profundo del compartir los panes? ¿Qué consecuencias trae este hecho para la sociedad?
5. La Eucaristía puede ser acusación o confirmación. ¿Cómo se siente nuestra comunidad delante de la Eucaristía?

21
EL MESIAS DE DIOS
(9, 18-50)

El pueblo ya había reconocido en Jesús al "gran profeta" (7, 16). Ahora, al final de la actividad de Jesús en Galilea, los discípulos concluyen, a partir de la palabra y de la acción de Jesús, que El es "el Mesías de Dios" (9, 20). Es el gran sello que confirma toda la obra de Jesús, orientada al sacrificio y a la gloria. Pero persisten algunas dificultades para que los discípulos puedan seguirlo: la falta de fe, la incomprensión, el espíritu de competencia y rivalidad, y la intolerancia.

El Mesías de Dios
(9, 18-21)

La pregunta de Jesús es una especie de balance de toda su actividad. El pueblo sigue pensando como antes (7, 16; 9, 8), pues todavía está apegado a la idea de un Mesías guerrero y triunfalista. Los discípulos, que acompañaban a Jesús y lo vieron de cerca durante toda su actividad, dan un paso adelante al reconocerlo, a través de Pedro, como el *Mesías de Dios* (9, 20). Bien entendido, esto se transparenta en toda la obra de Jesús en Galilea, al cumplir el programa anunciado en 4, 14-21: es la práctica de Jesús lo que lo revela como el Mesías, el Rey ungido por Dios para traer la era de justicia y de paz (ver Is 11, 1-9).

No basta, sin embargo, reconocer que Jesús es el Mesías. El es el Mesías que va a realizar su misión como el Siervo Sufriente de Is 52, 13-53, 12. Toda su actividad dirigida hacia el pueblo y principalmente hacia los marginados, provocará al sistema injusto y a sus mantenedores (ancianos, jefes de los sacerdotes y doctores de la Ley), y éstos lo matarán. Pero El resucitará, y continuará su proyecto a través de sus seguidores.

El seguimiento de Jesús
(9, 22-27)

Las condiciones para seguir a Jesús son tres: *renunciar a sí mismo,* es decir, dejar los propios intereses para colocar el proyecto de Jesús en primer lugar; *tomar cada día su cruz,* o sea, enfrentar continuamente la oposición, persecución y marginación, *y seguir a Jesús,* continuando su palabra y acción. Así el discípulo se hará digno de Jesús y ganará la verdadera vida, que consiste en participar de todo el camino de Jesús, hasta la gloria. El gran desafío será siempre el de escoger entre el proyecto y la gloria de Jesús y los proyectos y la gloria del mundo (releer 4, 1-13). El versículo 27 alude a la llegada del Reino, que tendrá lugar con la muerte y la resurrección de Jesús, la gloria preanunciada por la transfiguración.

El nuevo éxodo
(9, 28-36)

La transfiguración quiere mostrar que la pasión y la muerte hacen parte del proyecto de Jesús, pero que éste ganará la gloria. Este es el nuevo éxodo, el camino de la liberación que terminará en el Padre (23, 46). Moisés y Elías personifican la Ley y los Profetas, es decir, todo el Antiguo Testamento, cuyas promesas se realizan a través de la palabra y de la acción de Jesús, el verdadero intérprete de la voluntad del Padre contenida en las Escrituras. La propuesta de Pedro es un intento por prolongar el momento; en realidad, quizá con la secreta voluntad de entrar en la gloria antes de pasar por el sufrimiento y por la muerte.

El centro del pasaje es la voz que viene de la nube, que declara a Jesús como Hijo de Dios, con la orden: "*Escuchadlo*". En otras palabras, Jesús no es solamente el Profeta, el Mesías y el sentido de las Escrituras. El es la revelación máxima de Dios y de su proyecto, y a El es a quien los seguidores deben escuchar, es decir, oír y obedecer.

Falta de fe
(9, 37-43)

A pesar de haber entrado en la nube (9, 34), o sea, de haber participado de la revelación de Jesús, los discípulos siguen cerrados. En el caso del niño epiléptico, ellos no logran realizar la curación porque no tienen fe. También el padre del niño fue criticado por su falta de confianza. La exclamación de Jesús muestra claramente su malestar, pues su hora trágica se acerca y los discípulos todavía están lejos de comprender la naturaleza de su misión, que es liberar a las personas de sus alienaciones y devolverlas a la plena conciencia.

Incomprensión
(9, 43-45)

Es el segundo anuncio de la muerte de Jesús. Los discípulos podrían estar impresionados por admiración del pueblo, y por eso Jesús les advierte sobre su trágico final. Sin embargo, parece que los discípulos están completamente cerrados en su incomprensión. En la visión de Lucas, solamente el resucitado podrá iluminar la mente de ellos (24, 25-27.44-46). Sin embargo, los dos últimos episodios muestran lo que puede estar impidiendo su comprensión.

Espíritu de competencia, rivalidad
(9, 46-48)

Mientras Jesús se prepara para la muerte en el camino del servicio, los discípulos están preocupados por saber quién es el más grande. Esto denota la idea errónea de que Jesús es un Mesías-Rey dominador, y la de que ellos, de alguna manera participarán de un poder que domina. Y, en la lucha por el poder, viene la emulación por la supremacía: ¿Quién manda más? Jesús realiza una parábola viva. El niño es el símbolo del que no pretende nada, nada ambiciona, de la debilidad y de la dependencia. En esa época, el niño no tenía ningún valor en la sociedad, como los esclavos. La lección destruye cualquier tipo de ambición: el menor es el más grande, y quien recibe al menor recibe a Jesús y al Padre que lo envió.

Intolerancia
(9, 49-50)

El episodio final señala otro peligro que bien puede manifestarse en nuestras comunidades. Alguien está realizando una actividad positiva (desalienando a la gente) en nombre de Jesús, pero no pertenece a la comunidad. Los discípulos protestan, porque se imaginan que son los únicos poseedores de la verdad y los únicos que pueden legítimamente continuar la obra de Jesús. La respuesta de Jesús, sin embargo, acaba con cualquier espíritu de un grupo cerrado, porque el verdadero seguimiento no está en usar un rótulo o pertenecer a una determinada institución, sino en continuar la práctica de Jesús, para que todos tengan libertad y vida. Este es el verdadero ecumenismo.

Para reflexionar en grupos

1. ¿Cómo llegaron los discípulos a la conclusión de que Jesús es el Mesías de Dios? ¿Qué clase de Mesías-Rey es Jesús?
2. ¿Cuáles son las condiciones para seguir a Jesús? ¿Cómo realizarlas hoy?
3. Leer Lc 9, 28-36 y comentar: Jesús es el sentido de la Biblia y la revelación máxima de Dios.
4. Los discípulos pasaron por la falta de fe y por la incomprensión sobre el camino de Jesús. ¿Sucede lo mismo hoy en nuestra comunidad?
5. Los discípulos competían entre sí por el poder. ¿Sucede esto entre nosotros?
6. La comunidad de los discípulos no aceptaba que otros actuaran en nombre de Jesús. ¿También nosotros somos intolerantes y queremos ser los "dueños de la verdad"?

22
EL CAMINO DE LA LIBERACION
(9, 51-10, 24)

Comienza ahora el largo recorrido desde la periferia hacia el centro, de Galilea hacia Jerusalén. Es la parte más original de Lucas, que le consagra diez capítulos (9, 51-19, 28), al paso que Marcos dedica apenas uno y Mateo dos. El sentido del viaje está marcado por el final de la vida de Jesús: *"Ser llevado al cielo"*, lo cual comprende su muerte, resurrección y ascensión al Padre. Es el viaje de la liberación, que tiene su ápice y significado en 23, 46. Para los discípulos se trata de una gran catequesis que muestra cómo enfrentar las dificultades de la vida (piedras y baches en el camino), y también cómo entender la vida en el seguimiento de Jesús. También es importante notar que no basta anunciar y practicar el Evangelio en la periferia del pueblo. Es preciso también dirigirse al centro, para denunciar el poder y la riqueza de una minoría que genera la debilidad, la miseria y la marginación de la gran mayoría del pueblo. No basta curar los síntomas, es preciso atacar las causas de la enfermedad.

La gran decisión (9, 51-56)

Jesús comprende que ha llegado la hora de enfrentarse a las consecuencias de su actividad liberadora junto al pueblo. El sabe que en Jerusalén encontrará la muerte. Pero enfrenta el destino y decide con firmeza ir allá. Los samaritanos, enemigos de los judíos, le niegan alojamiento, como hacían con cualquier peregrino judío. No se imaginan, ni ellos ni los discípulos, que Samaria será más tarde uno de los primeros lugares en ser evangelizados.

Condiciones para el seguimiento (9, 57-62)

Muchos quieren y son invitados a acompañar a Jesús en el viaje liberador. Sin embargo, las condiciones son claras: estar dispuesto a ser un andariego sin hogar, a no apegarse a la propia familia y a dejar todas las seguridades, entregandose a la misión de anunciar el Reino, sin mirar atrás y sin echarse para atrás. Por tanto, el seguimiento exige total disponibilidad, y lo difícil para quien quiere ser discípulo no es escoger entre el bien y el mal, sino entre lo bueno y lo mejor.

Anunciadores del Reino (10, 1-16)

La misión confiada a los doce apóstoles (9, 1-6) ahora se amplía. Setenta y dos es un número simbólico, que muestra que no es solamente un pequeño grupo el que continúa la obra de Jesús, sino todos los que lo siguen, todos los cristianos, en forma organizada (de dos en dos).

La misión es peligrosa (lobos) y urgente. Por eso el discípulo no pierde tiempo ni en lo necesario, ni con las etiquetas de buena educación, ni con quienes no aceptan su anuncio. El saludo "Paz" es una fórmula de bendición, y significa que el anuncio del Reino trae la justicia y la misericordia que llevan a la paz, la cual, en la Biblia, significa la plenitud de todas las condiciones que hacen que las personas se sientan realizadas. El núcleo de la misión es anunciar el Reino y realizar actos concretos que comprueben su presencia (curar las enfermedades del pueblo). ¿Y el que no lo acepte? Sacudir el polvo de los pies es un gesto de rechazo y juicio. No se debe perder tiempo con los que no acogen el anuncio y la práctica del Reino. En el día del juicio, Dios tendrá más misericordia con So doma, la ciudad pecadora, y con las ciudades paganas (Tiro y Sidón), que con las ciudades que rechazaron el Reino. Amenaza grave, porque rechazar a los discípulos es rechazar a Jesús mismo y a Dios, que lo envió con el don de la liberación y de la vida. Rechazar el don de Dios es escoger la propia destrucción, es autocondenarse a la esclavitud y a la muerte, y quedar fuera de la nueva historia y de las nuevas relaciones sociales producidas por el proyecto de Dios.

La alegría del discípulo (10, 17-20)

Los discípulos vuelven alegres e impresionados porque incluso lograron expulsar demonios en nombre de Jesús, es decir, lograron desalentar a las personas, liberándolas para que conquistaran la conciencia de sí mismas. Y Jesús amplía el significado de esto: el anuncio y la práctica del Reino poco a poco van derrotando el dominio de Satanás y sus proyectos diabólicos (ver 4, 1-13: el proyecto de la abundancia, de la riqueza, del poder y del prestigio). En compensación, se va instaurando el Reino, que trae libertad y vida para todos, dirigiendo la historia y la sociedad hacia la paz, hacia la plenitud de la vida.

Sin embargo, la alegría mayor del discípulo no es la de haber recibido el poder de expulsar los demonios (10, 19 y 9, 1). Los discípulos deben alegrarse porque sus nombres están escritos en el cielo, es decir, porque son queridos de Dios. Detrás de la expresión está la imagen del "libro de la vida", muy común en la Biblia (Dn 12, 1; Ap 3, 5). ¿Qué significa esto? Significa que Dios ama y da la vida a todos aquellos que aceptan y anuncian su proyecto. En primer lugar es a éstos a quienes Dios concede su don.

La alegría de Jesús (10, 21-24)

A la alegría de los discípulos sigue la alegría de Jesús. "*En aquella hora*" muestra que el motivo es lo que ha visto inmediatamente antes: la misión de los discípulos y el resultado de la misma. Jesús alaba al Padre, porque reconoce que el poder de Dios ha actuado a través de sus discípulos.

Pero nos encontramos ante el contraste entre los sabios-inteligentes y los pequeñitos. Los sabios son los líderes del pueblo, los sacerdotes y los doctores de la Ley, que gobiernan el cuerpo y la conciencia del pueblo, supuestamente al servicio de Dios, pero en realidad adorando a Satanás y sirviendo a los proyectos del mismo. Ellos leen las Escrituras, pero Dios les esconde su misterio y su proyecto. Dios revela su secreto solamente a los pequeñitos, es decir, al pueblo pobre y sin pretensiones que acompaña a Jesús y continúa su proyecto.

Este fue el agrado de Dios. Los sabios-inteligentes viven encerrados en sí mismos y en sus intereses, sirviéndose a sí mismos y a sus privilegiados. Por eso jamás entenderán que Dios quiere libertad y vida *para todos*. El pueblo pobre, a partir de su necesidad, es capaz de abrirse a Dios y descubrir que El está de su parte, y que este Dios se manifiesta en su Hijo Jesús, que trae la liberación y la vida. Los verdaderos evangelizadores son, por tanto, los pobres que comprenden que Jesús es su liberador. Esta comprensión nace de la experiencia que ellos tienen de Jesús, y les posibilita anunciar el Reino con la palabra y con la acción.

¿Y los sabios e inteligentes, especialistas en Biblia, en teología, en liturgia, en pastoral, en moral?... Todos ellos deben entrar en la escuela de los pobres, porque sólo éstos pueden de hecho enseñar lo que Dios quiere y manifiesta en Jesús. Quien quiera hacer parte del grupo que construye la nueva sociedad y la nueva historia deberá primero convertirse a los pobres, porque es a través de ellos como Dios revela el camino para el Reino.

Para reflexionar en grupos

1. Jesús enfrentó las consecuencias de su palabra y acción. ¿Estamos dispuestos a lo mismo?
2. ¿Nuestra disposición para anunciar y practicar el Evangelio es total?
3. Todos los que pertenecen a la comunidad son misioneros del Evangelio. ¿Cómo vive esto nuestra comunidad?
4. ¿Cuál debe ser la gran alegría del discípulo? ¿Ya hemos experimentado esa alegría? Dar ejemplos y comentar.
5. Sólo los pobres comprenden el secreto de Dios. ¿Por qué?
6. Los verdaderos evangelizadores son los pobres. ¿Cómo sucede esto en nuestro medio?

23
EL AMOR ES EL CENTRO DE LA VIDA
(10, 25-42)

Nuestra vida es una continua búsqueda, pues nuestra hambre y sed es siempre la de encontrar un sentido que nos lleve a más vida. ¿Y cómo vivir para tener la vida por excelencia, el don de Dios que llamamos vida eterna o vida en plenitud? ¿Debemos esperarla para después de la muerte o podemos experimentarla desde ahora? ¿Cuál es el secreto que nos lleva a ella?

El amor es el centro de la vida (10, 25-28)

El especialista en leyes quiere poner a Jesús en una trampa y pregunta qué debe hacer para heredar la vida eterna. Tratándose de un especialista en legislación, la trampa está en ver si Jesús es fiel a las Escrituras y si observa los 613 mandamientos que prescribía el judaísmo.

Jesús no responde, sino que devuelve la pregunta al especialista. El sabe que en ese tiempo se discutía mucho sobre cuál sería el resumen y el núcleo fundamental de todos los mandamientos. El especialista responde, uniendo Dt 6, 5 (amor a Dios) con Lv 19, 18 (amor al prójimo). Nótese que un solo verbo gobierna los dos mandamientos, mostrando que Dios y el prójimo son como las dos caras de la única moneda del amor. El amor a Dios es la mística interna que rige la *práctica externa* del amor al prójimo. El amor a Dios exige total entrega y consagración (corazón, alma, fuerza, mente), y el amor al prójimo total identificación (como a sí mismo).

Jesús aprueba y confirma que la vida, y por tanto también la vida eterna, se encuentra en la experiencia y en la práctica del amor. Tendremos más vida, cuanto más nos entreguemos a la mística y a la práctica del amor.

El amor es práctica y no teoría (10, 29-37)

El especialista en leyes no se da por vencido y hace otra pregunta: "¿Quién es mi prójimo?". Esto también se discutía mucho en aquel tiempo y todavía hoy nos da vueltas en la cabeza. ¿El prójimo es el pariente, el amigo, el colega, los que son de la misma religión, raza, partido, clase social? Detrás de todo esto, lo que se intenta es delimitar las fronteras del amor. El que esté fuera de tales fronteras, no merece nuestro amor.

Jesús no discute la teoría sobre el prójimo. En vez de eso, cuenta una parábola y, nuevamente, devuelve la pregunta al especialista. El camino de Jerusalén a Jericó aún hoy es peligroso, y todo hace pensar que el hombre que fue asaltado y casi muerto era un judío. El sacerdote y el levita ven al hombre caído y se desvían *"por el otro lado"*. Ciertamente tenían buenas teorías sobre el prójimo, y no vale la disculpa de que tuvieran miedo de tocar a un probable muerto y quedar impuros, pues iban, no hacia Jerusalén, al Templo, sino de regreso del mismo.

En contrapartida, un samaritano, enemigo tradicional de los judíos, se acerca, ve y se llena de compasión, o sea, "sufre junto" con el hombre herido. Y comienza la práctica del amor. Allí mismo le presta los primeros auxilios, coloca al herido en su jumento y, a pie, va hasta una pensión, donde sigue cuidando de él. Al día siguiente le da dos monedas (el salario de dos días) al dueño de la pensión y se compromete a pagar lo que gaste de más. La parábola describe todo lo que hizo el samaritano, con el fin de destacar que la práctica del amor no tiene límites. Es la necesidad del otro la que dice lo que se debe hacer y hasta qué punto se debe amar. Además de esto, el amor rompe todas las fronteras: el samaritano no se preguntó si aquel herido era acaso judío o no. El prójimo es cualquier persona que me encuentro.

Y Jesús pregunta al especialista: "*¿Cuál de los tres fue el prójimo del hombre que cayó en manos de los asaltantes?*". Es decir, ¿quién fue el que se hizo prójimo de él? La pregunta cambia radicalmente. El amor nace de la mística interna del amor a Dios, que hace que nos aproximemos (nos hagamos próximos = prójimos) al necesitado y respondamos concretamente a sus necesidades. El especialista estaba preocupado por la frontera del amor. Jesús muestra que el amor es un centro que irradia acciones prácticas y no conoce ninguna frontera. El especialista reconoce esto, y la palabra *misericordia* (=mandar el corazón) muestra bien que *hacerse prójimo* es entrar en sintonía con el otro y sufrir junto a él (compasión).

Y, al final, tenemos la orden solemne: "*Anda y haz tú lo mismo*"; en otras palabras, preocúpate por realizar concretamente la práctica del amor, sin preocuparte por las teorías sobre el prójimo que merece tu amor.

Tres modos de ser y de vivir

En la parábola están representados tres modos de ser y de vivir: el de los asaltantes, el del sacerdote y el levita, y el del samaritano. Son tres comprensiones diferentes, que condicionan el ser y el comportamiento de las personas. El *ladrón* piensa que "lo tuyo es mío", y vive a la espera continua del robo y de la explotación. El *sacerdote* y *el levita* piensan que "lo que es mío es mío", se encierran en lo que son y en lo que poseen y dejan que los demás se las arreglen como puedan. Pero el *samaritano* piensa que "lo que es mío es tuyo", y reparte, no sólo su corazón, sino también su tiempo y todo lo que posee. No hay otros modos de ser y de vivir, y todo en las relaciones entre las personas está gobernado por uno de estos modos. Falta ver en cuál de ellos nos encajamos, recordando que el Evangelio está radicalmente del lado del samaritano de la parábola.

Obedecer a la palabra de Jesús (10, 38-42)

Leyendo a Juan 11, 1-4 sabemos que Jesús era amigo de Marta y María, que ellas vivían en Betania y que tenían temperamentos diferentes. Marta ciertamente está preocupada en preparar una buena comida, mientras que María se preocupa por escuchar a Jesús. La respuesta al reclamo de Marta muestra que más importante que hacer las cosas es hacerlas de un modo nuevo, insertando todo en el proyecto de Jesús. Es la palabra de Jesús la que muestra qué hacer y cómo hacerlo.

No se dice lo que estaba hablando Jesús a María, pero, presentado inmediatamente después de 10, 25-37, el episodio se refiere a las dos órdenes de Jesús (10, 28. 37). La gran orden de Jesús es el amor, cuya mística nos une a Dios y cuya práctica nos une al prójimo. Es el amor el que revela el sentido de la vida, haciéndonos realizar con gusto y alegría aquello que debe hacerse en este momento. Y conviene recordar que el nombre "Marta" significa "amargura". ¿De qué sirve hacerlo todo, pero con amargura?

Para reflexionar en grupos

1. La verdadera religión es vivir la mística del amor a Dios y realizar la práctica del amor al prójimo. Comentar y sacar consecuencias.
2. Representar en grupo la parábola del samaritano y después comentarla.
3. ¿Nuestra comunidad considera "prójimo" sólo a quien vive dentro de ella?
4. ¿Qué hace nuestra comunidad para hacerse próxima de los otros?
5. ¿En cuál de los tres modos de ser y de vivir nos encajamos?
6. ¿Procuramos oír la palabra de Jesús para descubrir qué hacer y cómo hacer?

24
EL CATECISMO DE LA ORACION
(11, 1-13)

El texto es un verdadero catecismo de la oración. En aquel tiempo los maestros acostumbraban enseñar a los discípulos a orar y, en la oración que transmitían, les entregaban el resumen y el espíritu de sus enseñanzas. Es bueno recordar que Lucas se dirige a los paganos convertidos, que necesitan aprender y ser alentados a rezar. El texto puede dividirse en tres partes: la oración cristiana (11, 1-4), la perseverancia en la oración (11, 5-8) y la oración confiada (11, 9-13).

La oración cristiana
(11, 1-4)

Si comparamos el texto de Lucas con el de Mt 6, 9-13, notaremos que el de Lucas es bastante más corto y, en opinión de los estudiosos, refleja más las propias palabras de Jesús. La versión de Mateo es más amplia, probablemente debido al uso en la liturgia. También la ocasión de la enseñanza, según Lucas, parece ser la más cercana a la historia.

El hecho de que un discípulo pida que Jesús les enseñe a orar, *"lo mismo que Juan enseñó a sus discípulos"*, refleja no sólo el uso de la época, sino también que la oración cristiana es original, y se distingue de la oración judía y de la de los discípulos del Bautista. Tenemos aquí el núcleo fundamental de la oración cristiana, que se basa en el proyecto de Jesús y transmite el espíritu que debe animar toda la vida de oración de la comunidad. En ella encontramos el saludo y cinco peticiones.

Saludo: *Papacito.* Así suena en arameo la palabra *Abbá*, un diminutivo, con el cual los niños se dirigen a su padre. Esto es de gran originalidad. Los judíos, en efecto, concebían a Dios como el Padre de todo el pueblo, pero no osaban dirigirse personalmente a El con tanta intimidad. Jesús, en cambio, lo hace (Mc 14, 36) y enseña a los discípulos a dirigir la oración al Padre con esa total intimidad y confianza. En realidad, diciendo "Papacito", entramos en la propia intimidad que existe entre Jesús y el Padre, pues Jesús fraternalmente nos ha hecho participar de su propia filiación.

1a. petición: "Santificado sea tu nombre". En la Biblia, el nombre equivale a la persona. Por tanto, esta petición es más bien un deseo: que todos los hombres reconozcan la santidad del Dios verdadero, dejando los ídolos que producen la esclavitud y la muerte para adorar al Dios Santo, que trae la libertad y la vida. Pero, ¿qué es la santidad de Dios? Es la manifestación de su gloria, a través de los actos que El realiza en el mundo y en la historia. El núcleo de esta santidad gloriosa es la instauración de la justicia, que transforma las relaciones entre los hombres y trae el Reino de Dios.

2a. petición: "*Venga tu Reino*". El Reino es el centro y el final de todo el proyecto de Dios. Consiste en el reconocimiento de la voluntad de Dios, que quiere libertad y vida para todos, y para esto instaura relaciones de fraternidad y coparticipación entre las personas, de modo que todos tengan igual acceso a los bienes de la vida e igual participación en la construcción de la sociedad y de los rumbos de la historia. Pero el Reino no está solamente en el futuro. Se concreta poco a poco, a medida que las personas viven la fraternidad y el compartir, repartiendo la libertad y la vida. El anhelo del Reino muestra la meta de la vida y de la acción de la comunidad, porque el Reino debe llegar a todos, hasta que Dios sea todo en todos (1Co 15, 28).

3a. petición: *"Danos cada día nuestro pan cotidiano (de mañana)"*. No se trata solamente de pedir lo necesario para la vida de cada día y garantizar lo necesario para el futuro. Más que eso, el "pan del mañana" es el pan de la vida eterna, el alimento que realiza plenamente la vida. Es el pan del banquete celestial (Mt 8, 11; Lc 6, 21). Así, los cristianos no piden la abundancia material que genera desigualdades, sino lo necesario para una vida digna, siempre abierta a la novedad de Dios que lleva a la verdadera realización.

4a. petición: *"Y perdónanos nuestros pecados porque también nosotros perdonamos a todo el que nos debe"*. Aquí los cristianos toman la delantera y, antes de pedir perdón a Dios, presentan como crédito el hecho de haber perdonado a los demás. Por lo tanto, la petición tiene la forma de obligar a Dios a perdonarles también, porque si ellos son capaces de esto, ¿no lo va a ser Dios? Esto nos hace pensar que no tenemos derecho a pedir perdón si nosotros mismos no estamos dispuestos a perdonar. El perdón de Dios para nosotros es proporcional al perdón nuestro para los demás. También podemos invertirlo: no perdonando a los demás, también estamos pidiendo que Dios no nos perdone. Y la cuestión es grave, porque ninguna comunidad puede mantenerse unida sin el perdón, pues vivir juntos siempre trae malentendidos, roces, conflictos y ofensas. Sólo el perdón compartido puede garantizar la continuidad de la vida comunitaria.

5a. petición: "*Y no nos dejes caer en tentación*". No se trata de los pequeños errores y fallas, sino de la gran tentación de abandonar el proyecto de Jesús a cambio de los proyectos de Satanás (abundancia, riqueza, poder y prestigio; ver 4, 1-13). Sería la traición final, quizá motivada por el desánimo, quizá por el miedo y la inseguridad. Esta fue la última tentación enfrentada por Jesús: la de abandonar todo para salvar su propio pellejo (22, 39-46). Es la petición más importante: que Dios nos libre de traicionar su proyecto, pues así nos traicionaríamos a nosotros mismos y a quienes luchan para que venga el Reino.

Orar con perseverancia
(11, 5-8)

En el Oriente es impensable romper la costumbre de la hospitalidad; y no existen hospedajes. De allí la obligación de incomodar al vecino para atender a un huésped. El centro de la parábola es que el vecino ciertamente atenderá la petición, ya sea por amistad, o para que no lo sigan incomodando. Intercalada en el contexto de la oración, la parábola se refiere a la oración insistente y perseverante. Persevera en la oración, pues si un vecino no deja de atender a la necesidad del otro, ¡cuánto menos el "Papacito" del cielo!

Orar con total confianza
(11, 9-13)

La perseverancia se fundamenta en la confianza, que es el tema de estas sentencias. Nótese que Jesús habla en su propio nombre, asegurando la confianza de los que rezan. El uso de la voz pasiva y del futuro ("se les dará..., encontrarán..., abrirán...") es para sustituir el nombre de Dios ("Dios les dará..., los hará encontrar..., abrirá"). Lo importante es percibir que la iniciativa debe ser del hombre. Dios no se entromete. El sólo actúa cuando el hombre lo busca.

Es preciso orar con confianza, pues si hasta los hombres, que son malos, saben dar cosas buenas a sus hijos, ¡cuánto más el "Papacito" del cielo! El dará hasta el Espíritu Santo, el don más grande, el que hace que las personas vivan según el proyecto de Dios realizado en Jesús. De hecho, es el Espíritu el que enseñará a las personas a orar al Padre, pidiendo con perseverancia aquello que les es realmente necesario.

Sin embargo, hay que añadir que Dios está siempre abierto a nosotros, esperando nuestra petición. Perseverancia y confianza no son para El, sino para nosotros, que casi siempre rezamos, pero dudamos. Ahora bien, Dios quiere que tengamos certeza en la fe, y que estemos convencidos plenamente de su justicia y de su amor.

Para reflexionar en grupos

1. Comparar Lc 11, 2-4 con Mt 6, 9-13 y nuestra forma de rezar el Padrenuestro. Comentar.
2. ¿Por qué el Padrenuestro es la fuente y el resumen de toda la oración cristiana?
3. ¿Cómo podríamos hacer más solemne el Padrenuestro cuando oramos en comunidad?
4. ¿Por qué necesitamos perseverar en la oración? ¿Esto significa que es preciso repetir mucho, como si Dios fuera sordo o estuviera durmiendo?
5. La confianza es la base de la oración. ¿Qué significa confiar en Dios?

25
QUIEN NO ESTA CON JESUS, ESTA CONTRA EL
(11, 14-54)

En el camino de Jesús, y de los cristianos que lo siguen, surgen los problemas y los obstáculos. Jesús va venciendo el poder del demonio, que mantiene a los hombres alienados. Sin embargo, ¿de dónde viene su poder? (11, 14-23). Y de qué lado están las personas: ¿De Jesús o del demonio? (11, 24-26). ¿Quién, de hecho, es bendecido? (11, 27-28). No sirve el pedir señales (11, 29-32), porque solamente en la fe se puede comprender la acción de Jesús (11, 33-36). Poco a poco, Jesús va denunciando la hipocresía de las autoridades, y también va creciendo la oposición (11, 37-54).

¿De dónde viene el poder de Jesús?
(11, 14-23)

Jesús cura a un endemoniado mudo. En aquel tiempo también la mudez era causada por el demonio. Es interesante: ¿Cuál es el demonio que impide al pueblo decir su palabra y manifestar su voluntad? Algunos, ciertamente fariseos y doctores de la Ley, acusan a Jesús de estar aliado con Beelzebul, el príncipe de los demonios. Jesús contesta: ¿Y los exorcistas judíos, a quién están aliados? Por otra parte, ¿cómo es posible que el demonio esté contra sí mismo? Por el contrario, el poder de Jesús contra los demonios, que causan la injusticia (ver 4, 1-

13), viene de Dios y es señal del Reino de Dios, que, a través de la justicia, crea nuevas relaciones entre los hombres, y va construyendo la nueva sociedad y la nueva historia. Satanás es "hombre fuerte", pero Jesús es más fuerte que él, y lo vence como con una llave de lucha. Y el v. 23 es una advertencia: o los opositores están al lado de Jesús y del Reino de Dios, o permanecen al lado de Satanás, en el reino de la injusticia.

Peor que antes
(11, 24-26)

Espíritu malo es lo mismo que demonio; el endemoniado era visto como "casa" del demonio. De nada sirve expulsar el demonio que aliena. Es preciso entregar la "casa", es decir, entregarse a sí mismo a Jesús, pues de lo contrario la situación puede llegar a ser peor que antes. Los que conocen a Jesús pero rechazan el Reino de Dios y la victoria de Jesús sobre el mal que aliena y mata al pueblo, quedan en una situación peor que si no lo hubieran conocido. De hecho, delante de El y de los signos de liberación que realiza, o la persona se queda con El y se libera, o queda en contra de El, y acaba condenándose a sí misma. Por eso el encuentro con Jesús es decisivo; frente a El nos vemos como en un espejo y recibimos la suprema oportunidad: la liberación o la condenación.

La verdadera bendición
(11, 27-28)

Al lado de las oposiciones, una confirmación: una mujer aprueba a Jesús con su corazón de madre. Para los israelitas el hijo sabio es el orgullo y la alegría de la madre (Pr 23, 25). Se trata de un elogio a la madre de Jesús, pero éste afirma que es más feliz y bendecido quien escucha la Palabra de Dios y la pone en práctica.

Palabra y acción que prolongan lo que Jesús dice y hace. Así es como las personas entran a hacer parte de la familia de Dios.

De nada sirve buscar signos
(11, 29-32)

En el tiempo de Jesús la gente buscaba señales del Mesías enviado de Dios, y las autoridades pedían que Jesús realizara una señal que probara que El era de hecho el Mesías (ver Mt 12, 38). Según Lucas, Jesús rehúsa inclusive ofrecer el signo de la resurrección (ver Mt 12, 40). En vez de esto, afirma que la reina de Sabá (1R 10, 1) y los ninivitas (Jon 3, 4-10) condenarán a los que rechazan a Jesús. En efecto, Jesús es más sabio que el rey Salomón y mucho más grande que Jonás, pero las autoridades no le dan oído y no se convierten. Prefieren continuar sirviendo a sus propios y mezquinos intereses, en vez de colocarse al servicio del proyecto de Jesús, que, a través de la justicia, construye una nueva sociedad y una nueva historia. De este modo, las autoridades confirman que están contra Jesús, es decir, a favor de Satanás, que crea el reino de la injusticia.

Sólo la fe comprende a Jesús
(11, 33-36)

En el contexto de Lucas, Jesús es la lámpara que envió el Padre para iluminar el camino de los hombres (ver Jn 1, 5; 8, 12). Basta oír su palabra y ver su acción para comprender esto. Sin embargo, la gente parece estar ciega y sorda. ¿Por qué? Porque sus ojos (y oídos) no están sanos; es decir, las personas están comprometidas con los proyectos de la injusticia, característicos de la vieja sociedad y de la vieja historia. Es más: ellos no quieren cambiar para no perder sus privilegios y ventajas. Este es el ojo enfermo, que deja a todo el cuerpo en la oscuridad.

¿Cómo comprender que Jesús es la luz? Es necesario que el ojo esté sano, es decir, que la persona esté comprometida con la lucha por la justicia. Entonces comprenderá que Jesús realmente es el enviado de Dios para instaurar el Reino de justicia, que responde a los pobres y oprimidos con una nueva historia. Sólo la fe fundada en la justicia es capaz de comprender efectivamente que Jesús es el libertador.

La hipocresía de las autoridades
(11, 37-54)

Jesús es siempre invitado a comer en casa de fariseos, y siempre hay una discusión (7, 36; 11, 37; 14, 1). Ahora Jesús ataca la raíz del problema de las autoridades religiosas, ya sean las practicantes (fariseos) o las teóricas (doctores de la Ley). ¿Cuál es el problema fundamental de esta gente?

Jesús no observa las prescripciones de la pureza ritual, y el fariseo lo nota. Jesús muestra que no sirve para nada realizar prácticas religiosas externas perfectas, mientras que el interior de la persona está *"lleno de robos y maldad"*, ciertamente para acumular riquezas. De hecho, Jesús muestra que la verdadera pureza es dar en limosna todo lo que posee la persona (v. 41). Las observancias externas son fáciles y pueden ser una simple máscara para evitar la *verdadera obediencia a Dios,* que consiste en practicar *la justicia y el amor de Dios* (v. 42). Observemos bien el orden de las cosas: primero la justicia, después el amor...

Los doctores de la Ley se sienten ofendidos, y Jesús los denuncia con mucha dureza. Estos especialistas en religión sólo saben imponer cargas insoportables a los otros, cargas que ellos mismos no alzan. Son legítimos herederos de sus antepasados, que mataban a los profetas y les construían los sepulcros. Peor todavía: son especialistas en la interpretación de las Escrituras y tienen, por lo tanto, la llave de la puerta del conocimiento. Pero ni ellos entran, ni dejan entrar a otros. En otras palabras: ellos leen las Escrituras pero no las entienden, e inclusive enredan a los que quisieran entenderlas. No sólo están ciegos, sino que terminan por cegar los ojos del pueblo.

Y la oposición va creciendo (11, 53-54), hasta culminar en Jerusalén.

Para reflexionar en grupos

1. ¿Por qué los privilegiados dicen que Jesús tiene pacto con el demonio?
2. Jesús es la última oportunidad de liberarnos o de condenarnos. ¿Por qué?
3. ¿Qué se necesita para hacer parte de la familia de Dios?
4. Los paganos podrán llegar a ser los jueces que condenarán al pueblo de Dios. ¿Por qué?
5. ¿Qué es lo que nos impide ver que Jesús es la luz que ilumina el camino para construir una nueva historia?
6. La verdadera obediencia a Dios es practicar la justicia y el amor de Dios. Comentar y sacar las consecuencias. ¿Cómo puede la comunidad practicar y promover esto?

26
NO TENGAN MIEDO
(12, 1-34)

La curación del mudo —del pueblo que no puede hablar— había desencadenado una larga polémica entre Jesús y las autoridades religiosas, los fariseos y los doctores de la Ley, que no se dan por vencidos, sino que siguen al acecho para coger a Jesús en una celada (11, 54). Esta actitud prosigue en la historia, y la comunidad cristiana se ve siempre vigilada por quienes buscan debilitar y matar la palabra y la acción de quienes siguen a Jesús. ¿Qué hacer? Primero, evitar la hipocresía (12, 1-3). Segundo, no tener miedo de hablar y actuar (12, 4-12). ¿Y la seguridad? Cuidado... La seguridad no está en la acumulación de riquezas (12, 13-21), sino en la búsqueda del Reino de Dios (12, 22-34), donde la justicia proveerá todo lo necesario.

¡Cuidado con la hipocresía!
(12, 1-3)

Jesús habla a todos, pero principalmente a los discípulos, la primera comunidad de los que lo siguen. El sabe que el problema fundamental de las personas religiosas es el fariseísmo, la hipocresía —el uso de la religión "perfecta" como máscara para esconder los intereses egoístas y la injusticia. Pero el pueblo no es tan tonto como solemos creer. El pueblo sabe ver lo que está oculto, y termina sabiendo hasta los más grandes secretos. Como se dice, "la mentira tiene piernas cortas". Tarde o temprano la verdad aparece, y desenmascara a la "perfección" que esconde podredumbre.

No tengan miedo

(12, 4-12)

Para liberar al pueblo, Jesús tuvo que enfrentar a todos aquellos que mantenían al pueblo dominado, explotado, debilitado y engañado. Por eso fue perseguido, llevado a los tribunales, torturado y asesinado. Los privilegiados no quieren que el pueblo sea liberado, porque así ellos perderían sus privilegios (abundancia, prestigio, riqueza y poder). Los discípulos y todos los cristianos continuarán la palabra y la acción liberadora de Jesús, y enfrentarán las mismas hostilidades. ¿Qué hacer? ¿Echar para atrás, por miedo? No. Los discípulos no deben temer a los hombres, sino a Dios. Los hombres, cuando mucho, pueden matar el cuerpo, mientras que Dios puede quitar totalmente la vida.

Pero los seguidores no deben tener miedo de Dios. Dios es Padre y cuida de toda la creación, hasta del ave más pequeña. Mucho más cuidará de los que siguen a su Hijo, continuando su proyecto, que trae libertad y vida para todos. El propio Jesús, el Hijo del Hombre, será el abogado de todos aquellos que lo siguen, continuando su palabra y su acción. Por tanto, el gran peligro es renegar de El, volviendo atrás y desmintiendo el testimonio, o —lo que sería mucho peor— haciendo lo que las autoridades religiosas de aquel tiempo llegaron a hacer: decir que el Espíritu Santo que actuaba a través de Jesús era el propio príncipe de los demonios (ver 11, 15). Esto sería como afirmar que el proyecto de Dios es la injusticia que crea esclavitud y muerte para todos.

Este es un pecado que jamás será perdonado, pues tal persona quita a Dios toda posibilidad de perdonarle.

¿Y qué hacer cuando vengan la persecución y el juicio ante las autoridades y tribunales? No tratar de defenderse. Quien se defiende, en el fondo quiere salvar su pellejo y, muchas veces, llega a negar su propio testimonio. En vez de esto, confiar en el *Espíritu Santo,* pues El mostrará lo que hay que decir en el momento difícil. Quizás sea ése el momento del gran testimonio, o del silencio que condena a los propios jueces (23, 9).

La riqueza no produce seguridad
(12, 13-21)

De en medio de la multitud surge un problema: alguien pide que Jesús sea el juez en un caso de la repartición de una herencia. Como bien sabemos, la partición de una herencia siempre es un problema, pues allí aparecen el afán de ganancia y la ambición. En efecto, mucha gente piensa que "todo estaría resuelto si ahora apareciera una herencia". Es una ilusión. Allí comienzan los grandes problemas.

Jesús cuenta una parábola. Un hombre rico tuvo una super-cosecha tan grande, que necesitó construir nuevos graneros para acumular allí sus bienes. Este rico pensaba que así estaba acumulando garantías para su vida futura. ¿No es éste el sueño de mucha gente? Ahora bien, dice Jesús, de repente Dios le pide la vida que le había concedido. (Punto importante: la vida no nos pertenece, no es una propiedad sino un préstamo...). ¿Y ahora? ¿De qué le sirven los bienes acumulados? Los bienes no garantizan la vida, porque ella es don de Dios, y El puede reclamarla en cualquier momento... La pregunta final es importante: y las cosas acumuladas, ¿para quién quedarán? Primero, no deberían haber sido acumuladas, sino repartidas, porque lo que me *sobra* ya no me pertenece a mí, sino a quienes nada tienen (ver 11, 41 y 12, 33). Segundo, aunque lo acumulado se dé en herencia, generará problemas, como está sucediendo en este momento (12, 13).

La seguridad está en buscar el Reino
(12, 22-34)

Como Mt 6, 25-34, éste es uno de los textos que fueron más mal entendidos y distorsionados. Jesús no dice que debemos quedarnos de brazos cruzados esperando que la Providencia del Padre cuide de todo lo que necesitamos, como si fuéramos bebés en la cuna. Lo que quiere decir es que no sirve de nada el andar preocupados a cada instante por aquello de que tenemos necesidad. Comida y alimento son necesidades básicas, y, si faltan, es porque hay injusticia. Dios sabe qué necesitan sus criaturas, sean cuervos o lirios, o seres humanos. El da todo lo que necesitan. Pero no lo da en bandeja: cada uno, mediante su trabajo, debe conseguir lo que Dios ha dado.

El problema es otro. Si, a pesar del don de Dios y del trabajo del hombre, las necesidades básicas no pueden atenderse, es porque hay injusticia. Es porque la ganancia, ambición (tentaciones) de unos, deja a los demás sin nada. ¿Qué hacer? *"Buscad más bien el Reino de Dios y esas cosas se os darán por añadidura"* (12, 31). El Reino viene a través de la justicia, y por eso es preciso luchar por la justicia, en vez de andar preocupado y desesperado por las consecuencias de la injusticia.

¿Será así? ¿Será que la lucha por la justicia nos proveerá de lo necesario? Los vv. 32-34 responden: no tengan miedo, porque el Padre ama a los que luchan por la justicia y les dará el Reino, es decir, la victoria en la lucha por la justicia. En vista de esto, los seguidores de Jesús deben desde ahora comenzar a repartir lo que poseen. Ya no acumularán tesoros que puedan ser robados (quizá por quienes habían sido robados antes...), porque saben que la justicia produce fraternidad y coparticipación, y trae libertad y vida para todos. La seguridad no está en la riqueza (que es una cosa), sino en la justicia, que es ser fiel al proyecto que Dios tiene para todos y cada uno de nosotros.

Para reflexionar en grupos

1. La hipocresía es el cáncer que puede matar a una comunidad. ¿Existe en nuestra comunidad?
2. El miedo a las consecuencias puede paralizar la palabra y la acción de la comunidad. ¿Sucede esto entre nosotros? ¿De quién tenemos miedo? ¿Por qué?
3. ¿La comunidad ya ha sido perseguida por dar testimonio del Evangelio? Citar ejemplos. Si la comunidad todavía no ha sido perseguida, ¿a qué se debe?
4. ¿Por qué la riqueza no trae seguridad?
5. Dios nos dio la vida como préstamo. ¿Qué hacemos con ella?
6. ¿Cuáles son nuestras necesidades? ¿Cómo resolverlas?
7. Dios provee, pero el hombre debe conquistar. Comentar.

27
CONVIERTANSE MIENTRAS HAY TIEMPO
(12, 35-13, 9)

Jesús sigue hablando a los discípulos, al pueblo, y también a las autoridades —éstas siempre están al acecho *"para cazar alguna palabra de su boca"* (11, 54). Después de mostrar que la búsqueda fundamental es la del Reino, con la justicia que produce fraternidad y coparticipación, El llama la atención a la comunidad de sus seguidores (12, 39-48). ¿Por qué? Porque Jesús vino para ser *"una señal de contradicción"* (2, 34; 12, 49-53). Por eso es preciso saber discernir (12, 54-59) y convertirse, antes de que sea demasiado tarde (13, 1-9).

¡Estén atentos!
(12, 35-38)

La comunidad debe estar en continua vigilancia, fiel a la palabra y a la acción de Jesús, que ella está llamada a continuar. Jesús, después de cumplida su misión volvió al Padre, pero vendrá, en una hora que nadie conoce, al encuentro de la comunidad. Feliz ella si Jesús la encuentra fielmente cumpliendo su misión de servir. Entonces El mismo le servirá y realizará el Reino de la justicia por el cual tanto luchó la comunidad.

¡Cuidado, jefes de la comunidad!
(12, 39-48)

Continúa el tema de la vigilancia de la comunidad, pero ahora aplicado directamente a sus jefes. Es cierto que el texto original se dirigía a las autoridades religiosas del judaísmo (fariseos y doctores de la Ley), pero las primeras comunidades cristianas lo aplicaron a su propia vida.

Jesús puede sorprender a la comunidad llegando como un ladrón inesperado, y por eso la comunidad debe estar siempre atenta y preparada. La intervención de Pedro (12, 41) hace que la atención se dirija a los jefes *(para nosotros)* de las comunidades *(para todos)*. ¿Cuál es el deber de los jefes? Comprender que su función de autoridad es servir a la comunidad, y que este servicio comienza por las necesidades más básicas: *"Para dar la comida a su tiempo a todos"*, para velar por la justicia, compartiendo los bienes de la vida entre todos. En una palabra, servir a la justicia que genera relaciones de fraternidad y coparticipación. Si esto se realiza, entonces sí, los jefes podrán administrar *"todos los bienes"*, es decir, los valores morales y espirituales, todo aquello que lleva a la plena realización de las personas.

Pero los jefes pueden pervertir su función, transformando la autoridad que sirve en poder que domina. El resultado es la opresión y explotación de la comunidad, porque en este caso el jefe cae en las tentaciones diabólicas (4, 1-13) que crean el reino de la injusticia. Y el asunto se vuelve más serio mientras más se conoce la voluntad de Jesús. La ignorancia puede tener disculpa, pero no la habrá para quienes sabían qué hacer y cómo debían hacerlo y no lo hicieron, o hicieron precisamente lo contrario.

Jesús vino para dividir
(12, 49-53)

Muchos piensan que Jesús vino a mezclar lo negro con lo blanco, y transformar todo en color ceniza. Pero es todo lo contrario. El es un *"signo de contradicción"* (2, 34), porque vino para producir el juicio. No es que él juzgue. El es el espejo que revela lo que cada uno es. Ante El todas las personas comprenden lo que están viviendo y se dividen (leer Jn 3, 16-21). El fuego es fuego del espíritu, que hará que la comunidad de sus seguidores continúe lo que comenzó Jesús (ver Hch 2, 3). Esto sólo será posible cuando, a través de la muerte, Jesús termine su misión (bautismo). El testimonio de Jesús mostrará plenamente lo que es el proyecto de Dios y lo que son los proyectos diabólicos, y forzará a una decisión; decisión que provocará divisiones hasta en las relaciones más íntimas.

Sepan discernir
(12, 54-59)

Jesús habla a partir de la experiencia humana común. En Palestina el viento que viene del mar (occidente) trae lluvia, mientras que el viento que viene del desierto (sur) trae calor. Todo el mundo sabe esto. Y todo el mundo también, sobre todo las autoridades religiosas, deberían saber reconocer los signos de la llegada del Reino a través de las palabras y de las acciones de Jesús. Jesús no es simplemente un subversivo que vino a hacer una revolución política, económica y social. El hizo mucho más que esto: subvirtió todos los valores creados por la ideología de la abundancia: poder, riqueza, prestigio, y colocó en su lugar los valores de la fraternidad y del compartir, que generan libertad y vida para todos. Cualquiera puede constatar que éste es el reino de la justicia, el Reino de Dios. Por eso el pueblo no debe quedarse esperando que los ricos y poderosos le traiga la salvación. El pueblo debe aprender *por sí mismo* (12, 57) que sólo el proyecto de Jesús podrá liberarlo de la esclavitud y de la muerte, para tener libertad y vida. Los demás proyectos son diabólicos, y de ellos sólo podemos esperar lo peor.

¡y conviértanse mientras hay tiempo!
(13, 1-9)

En medio de todo, llega la noticia (ciertamente dada por los fariseos) de que Pilato había matado a los galileos. Tal vez una alusión al destino de Jesús, pues quien lucha por la justicia termina muriendo, tarde o temprano. Jesús percibe la intención de ellos: "¿Pensáis que esos galileos eran más pecadores que los demás galileos, porque han padecido estas cosas? ¿Pensáis que aquellos dieciocho sobre los cuales se desplomó la torre de Siloé, matándolos, eran más culpables que los demás hombres que habitaban en Jerusalén?". Siempre estamos listos para juzgar la novedad, principalmente cuando ésta amenaza nuestros privilegios. Y Jesús añade: *"Si no os convertís, todos pereceréis del mismo modo"* (13, 5).

Lo grave es no vivir como Dios quiere, es decir, siendo justo y practicando la justicia. La parábola de la higuera hace pensar tanto en el pueblo de Israel, que no reconoció la suprema visita de Dios a través de Jesús, como en la comunidad "cristiana", que muchas veces hace de todo, menos lo que Jesús le mandó decir y hacer. Es la higuera que no da fruto, ocupando inútilmente el terreno. ¿Está todo perdido? No. Hay una última oportunidad. Así como el agricultor pide un plazo para dar cuidados especiales, así también Jesús intercede como abogado ante el Padre (12, 8; 1Jn 2, 1), para dar un plazo más. ¿Quién sabe si, con cuidados especiales, la comunidad producirá fruto? ¿Quién sabe si la comunidad, oyendo la palabra de Jesús y viendo su ejemplo, no podrá convertirse para continuar su palabra y acción en favor de todos los que anhelan la venida del Reino?

Hoy nos preocupamos mucho por las iglesias vacías y el proselitismo de las sectas. ¿Por qué va el pueblo a otros lugares? ¿No es señal de que no está encontrando en la Iglesia los frutos que necesita para liberarse y vivir? En vez de condenar al pueblo y sus intentos, deberíamos ver si no es la Iglesia la que se está secando y volviéndose estéril... *"A quien mucho se le ha dado, mucho se le pedirá"* (12, 48).

Para reflexionar en grupos

1. ¿Nuestra comunidad se mantiene vigilante, siempre buscando el Reino?
2. ¿Los jefes de nuestras comunidades sirven a la comunidad o ponen la comunidad a su servicio?
3. Jesús vino a dividir y distinguir. ¿Nuestra comunidad sabe distinguir entre el reino de la justicia y el reino de la injusticia?
4. ¿Cómo podemos discernir entre el proyecto de Jesús y los proyectos diabólicos?
5. ¿Nuestra comunidad da los frutos que Dios espera? ¿Cuáles son esos frutos? ¿Guardamos los frutos sólo para nosotros, o los ponemos a disposición de todos?

28
JESUS LIBERA DEL FARDO DE LA RELIGION
(13, 10-35)

En su camino hacia Jerusalén, la capital y centro del poder económico, político y religioso de su pueblo, Jesús va poco a poco enfrentándose con la religión que oprime en vez de liberar. Su propuesta es el Reino de Dios, que quita el fardo de las espaldas del pueblo encorvado (13, 10-17) y que actúa como nueva semilla y fermento, para transformar la realidad (13, 18-21). Sin embargo, la puerta para ese Reino es estrecha, y consiste en la práctica de la justicia (13, 22-30); esto despierta la reacción de los poderosos (13, 31-33), que se concentran en la ciudad que, en vez de producir la religión que libera, produce la "religión que mata" (13, 34-35).

Jesús quita el fardo de las espaldas del pueblo
(13, 10-17)

El día sábado era la principal institución, la marca distintiva de la religión judía. Originalmente el sábado era una institución liberadora —descanso para el pueblo—, pero terminó convirtiéndose en un peso abrumador, hasta impedir que se curara a un enfermo. Aquella mujer encorvada —símbolo del pueblo que carga fardos pesadísimos— frecuentaba la sinagoga, pero ni la religión la liberaba de su fardo. Jesús la cura y despierta de inmediato la reacción de la autoridad religiosa.

Jesús desenmascara la hipocresía de una religión que no sólo no libera al pueblo de sus fardos, sino que también le impone un fardo extra sobre sus espaldas. ¿Cómo? ¿Un animal vale más que una persona humana? Si el animal puede ser liberado en día sábado, ¿por qué no una persona que se "muere" de trabajar la semana entera durante toda la vida (18=3x6)? ¿Qué pensar de una religión que se presenta como representante del Dios que libera y da la vida, pero que, en la práctica, termina esclavizando y matando al pueblo que ya está esclavizado y muerto por un sistema político-económico-social que le exprime hasta la última gota de sangre? ¿Esta "religión" no estará justamente al servicio de ese sistema?

El Reino liberador no viene por imposición (13, 18-21)

En lugar de la religión que oprime y mata, Jesús propone el Reino que libera y da la vida. ¿Pero cómo viene este Reino? ¿A través de la imposición, al estilo de las viejas religiones, hechas de exigencias exorbitantes y cobrando carísimo por la "salvación"? De ninguna manera. Viene como semilla y fermento. Es el soplo del Espíritu de la Vida, que va penetrando y transformando todo. La semilla es pequeñita, pero produce un árbol grande, que abriga a todos con su sombra y alimenta a todos con sus frutos. También es un fermento que impregna toda la masa. En otras palabras, la religión del Reino de Dios se apoya en gestos liberadores que se unen, y transforman la realidad de todos. Y los agentes de esta religión que libera son el *hombre* y la *mujer*, el pueblo que, movido por el Espíritu de Dios, dice palabras y realiza acciones concretas que liberan a todos aquellos que están encorvados bajo el fardo que la injusticia les ha puesto en las espaldas.

La puerta estrecha de la justicia
(13, 22-30)

¿Quiénes se salvan? ¿Son pocos? ¿Son aquellos que conocen y practican las reglas religiosas? ¿Son aquellos que viven rezando y participando en las celebraciones? Jesús no responde directamente, pero aconseja hacer *todo el esfuerzo posible para entrar por la puerta estrecha* (13, 24). ¿Qué puerta es esa? Por lo que dice a continuación, es la puerta de la conversión para la práctica de la justicia: *"Apartaos de mí todos los agentes de iniquidad"* (13, 27).

La entrada en el Reino, por lo tanto, depende de la práctica de la justicia. Sin ella nada tiene sentido (ni reglas religiosas, ni oraciones, ni celebraciones). Con ella todo tiene sentido, porque va compenetrado de la palabra y la acción que libera, haciendo experimentar el verdadero sabor de la vida. ¿Son pocos o son muchos? Sólo Dios sabe. Pero Jesús deja claro que son todos los que practican la justicia que Dios quiere, ya sea que pertenezcan a una religión, como la de Israel (13, 28), o ya que sean paganos de cualquier parte del mundo y de cualquier tiempo de la historia. El Dios verdadero no tiene fronteras, y su religión (religión = religar =ligar de nuevo con Dios), sólo conoce una exigencia fundamental: la práctica de la justicia, que provoca relaciones de fraternidad (dimensión política) y de coparticipación (dimensión económica), a fin de producir un mundo nuevo, donde todos puedan gozar de libertad y de vida.

La reacción de los poderosos
(13, 31-33)

El anuncio y la acción del Reino producen conmociones, tanto en el campo económico como en el político, en el social y en el religioso. La inversión de los valores es fundamental y alcanza a todos los que usufructúan los privilegios conseguidos a través de la práctica de la injusticia. Los poderosos, los ricos, los de prestigio y los que viven en la abundancia sienten de inmediato el peligro que la palabra y la práctica de Jesús representan para ellos. Y reaccionan drásticamente. Herodes Antipas, que gobierna a Galilea, región donde Jesús desarrolló prácticamente toda su actividad, quiere matarlo. Es el preaviso del fin. Pero Jesús no se detiene ni vuelve atrás. Va a continuar desalienando al pueblo (expulsión de los demonios) y curándolo hasta el fin, es decir, hasta su muerte. La amenaza de Herodes es apenas la señal de lo que va a suceder en Jerusalén: los poderes que se concentran en la ciudad, se proponen matar a Jesús, porque en la concepción de ellos, desalienar y liberar al pueblo es un "crimen". ¿Crimen contra quién?

La ciudad de la "religión que mata"
(13, 34-35)

Jesús deplora la situación de Jerusalén. En efecto, Jerusalén había sido idealizada como el centro de la vida del pueblo de Dios. Era allí donde el pueblo se habría de encontrar para, junto a su Dios en el Templo (casa), repartir la libertad (el propio ser de las personas) y la vida (los bienes que Dios concede a todos). Jerusalén debería ser el lugar de la justicia, y por eso, de la alegría festiva de la vida. Pero, dominada por los poderes injustos, se ha convertido en foco de injusticia, de explotación, de dominación y de engaño, fuente de esclavitud y de muerte.

Jesús ama la ciudad y hace todo lo posible por transformarla. Pero ella lo rechaza y lo mata. ¿Estará perdida la ciudad? No. Le queda una oportunidad: "*Os digo que no me volveréis a ver hasta que digáis: '¡Bendito el que viene en nombre del Señor!'*" (13, 35). La ciudad produce su propia destrucción y la de todos los que viven en ella, sean ellos víctimas "menores" o "mayores". Su salvación dependerá de que ella reconozca esta destrucción y se abra al proyecto de Jesús, que la liberará para la vida en la fraternidad y en el compartir. Sin embargo, ¿cuándo llegará el tiempo de su conversión? Esto no depende de Dios, sino de la ciudad y de quienes en ella habitan.

Para reflexionar en grupos

1. ¿Cómo distinguir entre una religión que libera y una religión que sólo es un fardo más?
2. ¿Podemos imponer la liberación del Reino? ¿Cómo hacer para que las personas descubran y acepten el Reino de Dios?
3. La religión que Dios quiere es la práctica de la justicia. ¿Es ésta la religión que practicamos nosotros?
4. ¿Por qué los poderosos se sienten incomodados con Jesús? ¿Sucede esto hoy?
5. La ciudad de Jerusalén traicionó su vocación original. ¿Sucede lo mismo con nuestras ciudades? ¿Encontramos fraternidad y coparticipación en la ciudad en la cual vivimos?

29
JESUS INVIERTE LOS VALORES
(c. 14)

Jesús sabe que las autoridades religiosas, los doctores de la Ley y los fariseos lo vigilan continuamente, armando trampas para cogerlo por sorpresa (11, 54). Pero El no sólo no huye, sino que enfrenta a las autoridades y las desenmascara. Es la tercera vez que es invitado a una comida en casa de un fariseo (14, 1; ver 7, 36 y 11, 37), y es sábado. ¿Cuál será la celada? La curación de un hombre hidrópico (14, 1-6) le da la ocasión para "mover la mesa" y desenmascarar la competitividad social (14, 7-11) y las relaciones interesadas (14, 12-14). En cambio, El muestra las relaciones nuevas, instauradas por la justicia del Reino de Dios (14, 15-24), y las condiciones para entrar en él, es decir, para seguir el camino de Jesús (14, 25-35).

¿Quién es ese hombre "hinchado"? (14, 1-6)

Casa de un fariseo, sábado, y la trampa: un hombre hidrópico, es decir, con retención de líquido, y, por lo tanto, hinchado. ¿Quién es él? Si la mujer encorvada (13, 10-17) era un símbolo del pueblo encorvado por todos los pesos, y más todavía por el fardo de la religión que no libera, el hidrópico es este mismo pueblo, hinchado por la enseñanza de los fariseos, también ellos hinchados por el orgullo presumido e hipócrita de ser los perfectos.

Ellos están observando. Jesús lo sabe y desafía: "*¿Es lícito curar en sábado o no?*". Se quedan callados, incómodos. Jesús cura al hombre y explica que la vida humana está por encima de cualquier otra cosa, hasta de la institución más sagrada, como la del sábado. Y los fariseos sabían esto. Sólo que no era así como actuaban con el pueblo; por el contrario, lo dejaban hinchado, es decir, enfermo, con la disculpa de servir a Dios.

Emulación x invitación gratuita (14, 7-11)

Observando la lucha por los primeros puestos, típica de los fariseos (ver 20, 46), Jesús retoma la sabiduría popular (Pr 25, 7), y da una lección a los hinchados fariseos. Imaginemos la vergüenza de tener que dejar el primer lugar e ir a sentarse en el último... Mejor ocupar el último lugar y, si es el caso, pasar por el honor de ser luego invitado al primero.

¿Cuál es la lección? Jesús desenmascara la competitividad social en la que todos luchan para "estar por encima", es decir, por tener privilegios y mayordomías, sin que nadie se cuestione sobre el precio de los mismos, y mucho menos se pregunte sobre quién paga el precio. En cambio, en el Reino de la justicia, que es la fiesta a la cual Dios nos invita a todos, quien ofrece el honor de los primeros lugares es Dios mismo, y El ya ha determinado que tales lugares estén reservados a los pobres y humillados. El uso de la voz pasiva es para sustituir el nombre de Dios. El v. 11, por lo tanto, es un juicio: la justicia de Dios consiste en invertir aquello que solemos considerar como "cierto, justo y loable".

Intereses x gratuidad (14, 12-14)

El consejo que Jesús da al fariseo que lo había invitado es otra inversión: no invites amigos, hermanos, parientes o vecinos ricos; invita a pobres, lisiados, mancos, ciegos.

Cuatro x cuatro. Los cuatro primeros son los invitados que pueden retribuir la invitación; los cuatro últimos, no. En el primer caso tenemos una *relación comercial* —tanto por tanto-, en el segundo tenemos la *gratuidad.* Todo el pasaje recuerda 6, 32-35, para mostrar que el amor limitado e interesado no tiene ningún valor ante Dios. En cambio, el amor gratuito compromete al propio Dios a recompensar a quienes ama con la resurrección, es decir, con la experiencia de la vida plena.

Los pobres conocen todo esto. Cuando reciben una limosna, no se sienten obligados a devolverla. El pobre sabe que Dios está de su parte y no tiene empacho en obligar a Dios a retribuir en su lugar: "Dios se lo pague"...

Dios prepara el banquete para los excluidos

(14, 15-24)

Jesús es elogiado, ciertamente por alguien que se cree generoso porque está con la barriga llena: "*¡Dichoso el que pueda comer en el Reino de Dios!*" (v. 15). Jesús aprovecha y vuelve a la carga con una parábola para mostrar lo que sucede con el Reino de Dios, donde la justicia derrota cualesquiera intereses, aspiraciones y competencias. El banquete es el Reino. Los invitados ya estaban informados de que estaban invitados, y el empleado sólo va a recordarles que el banquete ya está listo. Pero, ¡qué decepción! Ninguno puede ir. Y las disculpas son todas falsas, pues algunas horas en el banquete no van a complicar a nadie. ¿Quiénes son los invitados? Los fariseos, y junto a ellos todos los demás hipócritas que se juzgan "santos" como ellos.

Pero el banquete se realizará. Y los invitados ahora son de dos categorías de marginados. Primero, los que moran en la ciudad: todos los que deambulan por las plazas y calles, mal trajeados, sucios, hambrientos, desempleados, sin casa, sin escuela, sin hospital, sin moral..., todos los que habían sido excluidos de la vida social. Pero todavía sobra lugar, porque el banquete del Reino es mucho más amplio que el "corazón de madre". Viene la segunda invitación: los que están por las carreteras y caminos, es decir, fuera de la ciudad. ¿Quiénes son ellos? Todos los que están fuera de Palestina, en todos los tiempos y lugares del mundo. En el Reino hay justicia suficiente para todos los marginados de todos los sistemas sociales del mundo. Sólo no hay lugar para los que habían sido invitados, sabían que había un banquete, sabían que era importante, y, con una disculpa falsa, no comparecieron. Esa fue la suerte de ellos. Y la nuestra también. ¿Quién garantiza que "ellos" no somos "nosotros"? ¿No sabemos que la invitación al banquete es la invitación a la práctica de la justicia? ¿Cuál es nuestra respuesta? ¿Una disculpa inventada?

El precio del seguimiento de Jesús (14, 25-35)

Es la culminación, la consecuencia de todo lo que vino antes: "*Cualquiera de vosotros que no renuncie a todos sus bienes, no puede ser discípulo mío*" (v. 33). "Todo lo que tiene" ¿Qué significa? La hinchazón del orgullo, la sed de la competencia, la búsqueda de intereses, la disculpa inventada para no practicar la justicia..., en fin, todas las seguridades. Seguridades representadas por la familia y por la "propia vida" (v. 26), es decir, por el estilo de vida comprometido con la injusticia —pues, en un mundo de injusticia y viveza, quien sobrevive es porque es vivo, o mejor, injusto—. ¿Y qué es lo que queda? Queda la cruz, es decir, la disponibilidad para seguir a Jesús hasta la muerte por la causa de la justicia (v. 27). No queda ni la buena fama, pues la cruz era la sentencia para los que osaban *subvertir* el orden creado por el Imperio romano... Jesús murió como un bandido, un criminal.

¿Es duro? Claro que lo es. Y el Evangelio no oculta esto a nadie. Por el contrario, pide que se piense bien antes de tomar la decisión de seguir a Jesús. Es el sentido de las dos parábolas de 14, 28-32. Quien va a construir una torre debe calcular muy bien los gastos y el presupuesto, para no fracasar y pasar vergüenza. El que va a hacer la guerra debe medir bien las fuerzas con que puede contar, y ver si es mejor luchar o entregarse. Ser discípulo de Jesús es ser como la sal, que da el sabor a la comida. Seguir a Jesús es vivir con sabor. Pero, ¿si la sal pierde su sabor, para qué sirve? Ni siquiera para abono, dice el Evangelio (14, 34-35).

Y así nos encontramos frente a un dilema, el dilema de todos los que conocen a Jesús. Seguirlo no es fácil. No seguirlo es todavía peor. ¿Qué hacer cuando finalmente se ha descubierto el camino para la libertad y la vida, por las cuales tanto anhelamos? ¿Desistir? Quien ha vislumbrado la verdad, así sea por un segundo, nunca más la olvidará...

Para reflexionar en grupos

1. A pesar de ser perseguido, Jesús no se calla ni deja de actuar. ¿Nuestra comunidad hace lo mismo?
2. ¿Cuáles son las cosas que "hinchan" al pueblo, pero no satisfacen su sed?
3. ¿En nuestra comunidad existe competencia, rivalidad?
4. ¿Cuáles son los invitados especiales para las fiestas de nuestra comunidad?
5. ¿Aceptamos la invitación de la justicia que lleva al banquete del Reino, o solemos dar una disculpa inventada para no comparecer? ¿Cuál?
6. No es fácil ser discípulo de Jesús, y más difícil todavía es conocerlo y no hacerse discípulo suyo. ¿Cómo enfrentamos este dilema?

30
JESUS INVITA A LA FIESTA DEL PADRE
(c. 15)

Continúa el choque entre Jesús y las autoridades religiosas teóricas (doctores de la Ley) y prácticas (fariseos). Las autoridades siguen al acecho, observando (14, 1) y preparando celadas, *"buscando, con insidias, cazar alguna palabra de su boca"* (11, 54). Pero Jesús sigue hablando y haciendo, plenamente consciente de lo que sucede, hasta el punto de presentar abiertamente su comportamiento "irregular" como cumplimiento de la voluntad del Padre, contra las autoridades presumidas que se apegan a su teoría y práctica de lo que se imaginan ser la verdadera religión.

Lc 15 es el corazón del Evangelio de Lucas, y, podríamos decir, de todo el Evangelio. Es la revelación de lo que Dios quiere, es la revelación de lo que Jesús hace, y es también la revelación del juicio que divide a las personas entre las que aceptan la Buena Noticia, que construye la nueva sociedad y la nueva historia, y las que la rechazan. Este capítulo ilustra plásticamente lo que Jn 3, 16-21 dice con otras palabras.

Jesús escandaliza a las autoridades
(15, 1-2)

El hecho es que los cobradores de impuestos y los pecadores, dos categorías diferentes de marginados de aquel tiempo, ven lo que hace Jesús y se acercan para oír lo que dice. En este aproximarse podemos ver claramente que ellos sienten que, con Jesús, ha llegado la oportunidad de los marginados y excluidos de la sociedad y de la historia para construir la nueva sociedad y la nueva historia, basadas en la práctica de la justicia y orientadas hacia ella.

Las autoridades se escandalizan, y no ocultan su espanto mezclado con desprecio: "*¡Este acoge a los pecadores y come con ellos!*". ¿Qué no dirían hoy si vieran a un sacerdote o a una hermana, un obispo o un cristiano corriente comiendo con una prostituta o jugando con la gente de los tugurios?

¡Hay que hacer fiesta!
(15, 3-10)

Jesús responde con parábolas, esas historias terribles que golpean al oyente y no le dejan escapatoria (ver la parábola que el profeta Natán contó a David, y cómo él la entendió de inmediato: 2S 11, 1-12, 15). Con ellas Jesús no quiere defenderse, sino defender lo que quiere el Padre. Quien está en juego aquí es Dios mismo y su manera de actuar. ¿Aceptamos o no el amor del Padre, que es la raíz de la justicia que invierte nuestra forma de pensar y de actuar?

En la parábola de la oveja perdida, Jesús responde a partir de la realidad del mundo del hombre —el pastor. En la de la moneda perdida responde a partir del mundo de la mujer, la económica dueña de casa. Ambas parábolas dicen lo mismo: se ha roto la unidad, simbolizada por 100 y por 10; se perdió una oveja y se perdió una moneda. La actitud del hombre y de la mujer es la de restablecer la unidad, hasta hacer fiesta cuando la consiguen. Pues bien, también Dios hace fiesta cuando un solo pecador se convierte —y no hace fiesta por los 99 justos que no necesitan convertirse. ¡Cuánta ironía! Sabemos que los 99 justos y las 9 monedas representan a las autoridades religiosas, los "justos" que "no necesitan convertirse". La oveja y la moneda perdidas representan a los pecadores que se convierten. Parábola generosa... Pienso que hoy, viendo lo que sucede, y principalmente el poder adquisitivo del 90% del pueblo, podríamos y deberíamos hablar de 99 ovejas y 9 monedas perdidas... ¡Imaginemos la aflicción del pastor, del ama de casa, y de Dios!

Quizá bordeando la temeridad, también podríamos decir que a Dios le agrada más la oveja perdida, porque ella, al perderse, terminó encontrando un camino nuevo para todo el rebaño. ¿No es la gran lección que hemos aprendido con la conversión de los grandes pecadores, san Pablo, san Agustín, san Francisco de Asís...? ¿No son los grandes marginados y los excluidos los que van a construir la nueva sociedad y la nueva historia? ¿Acaso no fue para ellos para quienes Dios envió a su Hijo Jesús? "Dios envió a su Hijo al mundo, no para condenar al mundo, sino para que el mundo se salve por El" (Jn 3, 17).

¿Ustedes no van a participar de la fiesta del Padre?

(15, 11-32)

La tercera parábola es la más terrible. Ya hemos hablado tanto de ella, ya se han armado tantas discusiones, que es difícil comentarla más. Hasta el nombre tradicional —el "hijo pródigo"— es discutible. Mejor sería el nombre de "el hermano aburrido", esa actitud que con muchísima frecuencia podemos ver en las personas religiosas que se juzgan "justas y piadosas", exactamente como los doctores de la Ley y los fariseos... ¿Por qué son tan tristes esos "santos"?

Esta parábola es un espejo increíble de todo lo que está sucediendo. El padre es Dios Padre, y todo lo que hace este padre es revelación de lo que Dios quiere y realiza a través de Jesús. El hermano menor representa a todos los marginados y excluidos del círculo de los "justos", de la sociedad "justa y limpia, sana e higiénica". El hijo mayor representa a los "justos e impecables" doctores de la Ley y fariseos, todos los pretendidos "justos" que "no necesitan convertirse" porque, claro, nunca han cometido el más mínimo error.

Leída en esta perspectiva, la parábola adquiere un relieve enteramente especial. El hijo menor se pierde y, gracias a esta pérdida, que creía irrecuperable —él inclusive duda de que su padre lo vaya a aceptar como simple trabajador—, termina por descubrir que Dios es un Padre que lo ama sin límites y lo recibe con fiesta. El descubre el amor que realiza la justicia, liberando para la vida. El hijo mayor nunca se perdió. Por el contrario, siempre fue fiel y nunca pidió nada, quizás ni siquiera la parte de su herencia, que debía ser la mayor parte, porque él era el primogénito. ¿Cuál fue su error? El haberse imaginado que el padre era un patrón severo, y que él era un simple empleado, y que su vida era apenas un montón de obligaciones hasta el punto de no hacer nunca una fiestecita con sus amigos... Ahora parece envidiar al hermano, arrepintiéndose de haber sido tan "justico".

Y allí está el drama. El hijo mayor rechaza a su hermano, rechaza a su padre, rechaza la fiesta, rechaza todo. Su alma está amargada, y dice: *"Ese hijo tuyo..."*, con evidente desprecio. El padre intenta convencerlo: *"Este tu hermano..."*. Y no sabemos en qué termina, porque la parábola no tiene final. ¿El hijo mayor habrá entrado a participar de la fiesta? ¿Habríamos entrado nosotros? ¿Tú habrías entrado?

Esta parábola fue contada a un grupo de niños de la calle, y uno de ellos preguntó de inmediato: "¿Y la mamá de ellos, qué?". ¿Ciertamente, dónde estará ella? ¿No será que está en el corazón de Dios, que es mucho más grande que un "corazón de madre", que el corazón de todas las madres juntas? Pero el niño tenía razón. En efecto, el Evangelio es una verdad que toca el corazón, y ¿quién entiende más de corazón que una mujer? ¿No es hora de que aprendamos a leer el Evangelio a partir de la mujer, de su afecto y de su amor?

Para reflexionar en grupos

1. Ejercicio:

   Hacer una representación teatral de Lc 15, 1-2.11-32. Algunos hacen el papel de doctores de la Ley y de fariseos, otros representan la parábola: el padre, el hijo mayor, el hijo menor, la fiesta, etc. Quien coordina todo hace el papel de Jesús. Después de la representación, todos comentan lo que sintió cada uno.
2. ¿También nosotros nos escandalizamos de Jesús?
3. La oveja perdida acabó encontrando un camino nuevo para todo el rebaño. Comentar.
4. ¿Con quién te identificas: con el "hermano mayor" o con el "hermano más joven"? Cuenta al grupo tu experiencia de encuentro con Dios.
5. ¿Nuestra comunidad ha entrado a la fiesta de Dios? ¿Tú entrarías?

31
O DIOS O EL DINERO
(c. 16)

El centro de Lc 16 está en el versículo 13: *"Ningún criado puede servir a dos señores, porque aborrecerá a uno y amará al otro; o bien, se entregará a uno y despreciará al otro. No podéis servir a Dios y al Dinero"*. No hay término medio: o servir al Señor Dios, o servir al Señor Dinero. El uno es incompatible con el otro, porque cada uno tiene sus propias reglas. Y no se diga que el Evangelio es ingenuo, porque no está criticando una suma de dinero, sino la *acumulación* de dinero, el Dinero con D mayúscula, o sea, el Capital.

Uno de nuestros mayores economistas decía: "El capitalismo es un sistema que funciona, porque se basa en el egoísmo humano". Y el egoísmo, añado yo, es lo contrario al proyecto de Dios. En efecto, el Reino de Dios se basa en el amor, que produce la justicia y desborda en fraternidad y coparticipación. El Reino del Dinero, por el contrario, se basa en el egoísmo, que produce la injusticia y se desborda en no-fraternidad y no-participación, es decir, en poder y riqueza. ¿Poder no es la acumulación de libertades, y riqueza no es acumulación de bienes?

Libertades y bienes que deberían ser usufructuados por todos. ¿Qué hacer? Aprender a ser vivo (16, 1-8) y usar bien el Dinero (16, 9-12), porque es incompatible con Dios (16, 13). Por otra parte, no ser adúltero, como los fariseos (16, 14-18), o idiota, como los ricos, que crean para sí mismos un abismo imposible de traspasar (16, 19-31).

Aprendan a ser vivos
(16, 1-8)

La parábola del administrador infiel no es un ejemplo de moral. En efecto, además de dilapidar los bienes del patrón rico, el administrador dilapida todavía más "arreglándoselas" para poder "salvar el pellejo" después de ser despedido de su cargo: usa el dinero del patrón rico para hacer amigos que lo acojan cuando no tenga un lugar dónde caer muerto.

Es claro que la parábola termina en el v. 7 y que el *Señor* del v. 8 no es el patrón rico sino Jesús mismo. La misma secuencia "y el Señor" y "yo les digo" se encuentra en 18, 6 y 8. ¿Pero qué es lo que Jesús elogia? Elogia la viveza del administrador, que supo actuar rápido frente a los acontecimientos. Pues, dice Jesús, los hijos de Dios tienen que aprender de los hijos del Dinero... Astucia x astucia.

Y empleen bien el Dinero
(16, 9-12)

Es claro que la parábola fue dirigida originalmente contra los fariseos (16, 14). Pero los primeros cristianos procuraron darle un nuevo colorido a la *astucia*, para que los cristianos aprendieran más. En primer lugar, que una de las formas de la justicia es robar a los ricos para dar a los pobres. Es el sentido del v. 9: el dinero injusto es aquel que ha sido acumulado en las manos de los ricos; robar ese dinero y darlo a los pobres es, en realidad, devolver lo que antes había sido robado a los pobres. ¡Dios es amigo de los pobres y éstos recibirán al "ladrón astuto" en la vida del Reino!

Un paso más. Es preciso saber usar bien el dinero, porque, cuando es acumulado, siempre es injusto. No hay de otra. El Dinero, o Capital, tiene sus reglas propias, que siempre son injustas, sea éste pequeño o grande. Lo que sobra siempre debe repartirse, porque ya no me pertenece a mí, sino a los otros que nada tienen. Si no somos justos en cuestiones de dinero, ¿cómo nos dará Dios el "verdadero bien", que es la Vida? Si no somos fieles en lo que pertenece *a los demás* (justicia), ¿cómo podremos ser justos? (16, 10-12).

Porque el Dinero es incompatible con Dios
(16, 13)

El v. 13, como ya hemos dicho, es el centro de todo el capítulo. Nos invita a hacer una opción decisiva y definitiva, porque el Señor Dios es incompatible con el Señor Dinero. O servimos a uno o al otro. No es posible viajar con los pies en dos canoas. ¿Por qué? Porque Dios y el Dinero tienen reglas diferentes. La regla de Dios es la justicia que crea fraternidad y coparticipación, para que todos tengan libertad y vida. La regla del Dinero, es decir, del Capital, es la injusticia que genera la no-fraternidad, que da origen al poder que oprime, y a la no-participación, que da origen a la riqueza que explota. Opresión y explotación que generan poderosos y ricos al lado de débiles y miserables.

No sean adúlteros, como los fariseos
(16, 14-18)

Pero, por increíble que parezca, hay personas que "se quedan en la mitad". Son los fariseos, que se juzgan perfectos frente a Dios y a los hombres, pero, al mismo tiempo, "son amigos del Dinero". Intentan servir a dos señores. ¿A quién servirán más? ¿Quién será para ellos el más fuerte y decisivo? ¿Observarán las leyes del Señor Dios o las leyes del Señor Dinero? Jesús los desenmascara: ellos no son tan astutos como parecen. Pueden engañar a los hombres (y no a todos ni siempre), pero nunca pueden engañar a Dios. Lo que Dios pide en la Biblia (Ley y Profetas) es justicia. Y el Evangelio trae el Reino, que es el llamamiento decisivo y definitivo a la práctica de la justicia. Llamamiento que exige una acción decisiva, violenta.

En el fondo, ¿qué son los fariseos? Ante Dios y ante los justos, no pasan de ser adúlteros: se desposaron con Dios pero adulteran con el Dinero (16, 18). Y todavía tienen la audacia de considerarse buenos actores y representar el teatro del "justo perfecto"... No hay qué decir. Todo el mundo ve cuando una persona usa una peluca; solamente la propia persona no lo ve, y hace el papel de ridícula.

Ni idiotas, como los ricos
(16, 19-31)

Durante mucho tiempo se pensó que esta parábola era una especie de "geografía del infierno" (16, 23-26) y un análisis psicológico de los sentimientos de los "condenados" (16, 27-31). Parece que la cosa no va por ahí. Lo que la parábola quiere mostrar es que los ricos cavan un abismo que los separa de la Vida, y que este abismo ni siquiera un Resucitado lo puede superar.

El drama es muy sencillo: un rico y un pobre. El rico se viste con ropa importada y banquetea con sus amigos diariamente. El pobre, enfermo, yace tirado a la puerta del rico, mientras los perros le lamen las heridas, a la espera de las migajas que caen de la mesa del rico. Pero no son propiamente migajas: son grandes trozos de pan que, en aquel tiempo, se usaban como toalla para limpiar y enjugar la boca y las manos, y luego se tiraban al suelo. El pobre muere y va al seno de Abrahán, es decir, a la Vida del pueblo de Dios, junto a Dios. Muere el rico y es enterrado... Final del primer acto.

Segundo acto: ¿Qué hay detrás de todo esto? Justamente lo contrario de lo que parece a primera vista. El pobre banquetea con la Vida en el cielo. El rico sufre en el infierno. Y aquí ni siquiera la migaja, es decir, ni una gota de agua puede pasar de un lado al otro. ¿Por qué? Porque entre el rico y el pobre hay un abismo inmenso, imposible de pasar. ¿Quién lo cavó? El mismo rico. ¿No es él quien se protege tanto que termina en una prisión? ¿No es él quien se retira y se aparta del pueblo? ¿Cómo podría el pobre ir hasta el rico y darle un poquito de la Vida con que Dios obsequia a los pobres?

Tercer acto: ¿Qué hacer? —dice el rico. Ya que estoy perdido, que entonces el pobre vaya a donde mis hermanos, igualmente ricos, y los prevenga. Petición imposible: de acuerdo con el segundo acto, existe el abismo que el rico cava para protegerse. Además, los ricos son letrados: pueden leer la Biblia, o mejor, el Antiguo Testamento (Moisés y los Profetas). El profeta Isaías, por ejemplo, dice lo que deben hacer: "Partir al hambriento tu pan, y a los pobres sin hogar recibir en tu casa. Que cuando veas un desnudo lo cubras, y de tu semejante no te apartes..." (Is 58, 7). Pero los ricos no están dispuestos a eso. Y el rico insiste: si alguno de los muertos va a verlos, se asustarán y cambiarán de vida. ¿Será así? ¿Será que quien no acepta el mensaje del Antiguo Testamento aceptará el del Nuevo? Es claro que el resucitado, aquí, es Jesús mismo. ¡Quien no se abre a la Palabra de Dios tampoco se abre a Jesús!

Termina el drama. ¿Qué va a suceder? Depende de cada uno. Cada uno tiene la oportunidad de *ser astuto,* sirviendo a Dios y ganándose la Vida, o *ser idiota,* sirviendo al Dinero y acabando "enterrado" para siempre...

Para reflexionar en grupos

1. ¿Por qué el Señor Dios y el Señor Dinero son incompatibles?
2. El dinero acumulado es siempre fruto de injusticia y produce más injusticia. Comentar y dar ejemplos.
3. ¿Cuál es la mayor hipocresía que puede vivir un cristiano? ¿Por qué?
4. ¿Cuáles son las clases de "abismo" que crean los ricos entre ellos y los pobres?
5. ¿Qué hace nuestra comunidad con los pobres? ¿Los acoge en su seno o cava un abismo entre ella y ellos?
6. Representar en grupo la parábola del rico y el pobre de Lc 16, 19-31. Después compartir en el grupo lo que sintió cada uno.

32
CRISTIANO = SIERVO INUTIL
(17, 1-19)

Causa un poco de extrañeza este texto inmediatamente después del capítulo 16, claramente dirigido a los ricos y fariseos. Pero la mezcla parece hecha a propósito. A fin de cuentas, ¿la hipocresía farisaica y las pretensiones de los ricos no han sido siempre un peligroso fermento y un ácido corrosivo para la comunidad de quienes siguen a Jesús?

¿Cómo debe vivir la comunidad de las personas que se comprometen con la palabra y la acción de Jesús? Primero, evitar los escándalos (17, 1-2); luego, vivir el espíritu del perdón fraterno (17, 3-4) y confiar totalmente en Dios (17, 5-6). Más importante aún es dejar de lado cualquier ansia de honor al mérito (17, 7-10), para aprender a reconocer el don de la gracia de Dios (17, 11-19).

¡No escandalicen a los pobres!
(17, 1-2)

Si el Evangelio advierte a los discípulos sobre los escándalos, es porque éstos existían en las comunidades cristianas de aquel tiempo. *Escándalo* es una palabra griega que significa *cebo, celada, trampa,* y luego *piedra de tropiezo*, piedra colocada a propósito para hacer tropezar a alguien. Jesús sabe que los escándalos son inevitables. Pero ¡ay de quienes los provoca!

Se trata de escandalizar a "uno de estos pequeñitos". ¿Quiénes son? Ciertamente los pobres que hacen parte de la comunidad. Estos se escandalizan con los poderosos y los ricos, que los hacen apartarse de la comunidad. Si la comunidad se deja corromper por el espíritu del poder y de la riqueza, entonces ¿en qué acabaría por convertirse? "Es igual en todas partes" — dirían los pobres, y abandonarían la comunidad.

¡Perdonen siempre!
(17, 3-4)

Se trata de perdonar al hermano que me ofende. Corrección fraterna, oportunidad. Si hay arrepentimiento, perdón. Pero ¿hasta qué punto? No hay límite: si el hermano te ofende siete veces en un día, perdona siete veces, en caso de que haya arrepentimiento.

Es bueno recordar que *siete veces* equivale a *continuamente*, siempre. ¿Por qué perdonar continuamente, con la única exigencia del arrepentimiento, es decir, de reconocer el error? Porque la comunidad está formada por personas imperfectas, que yerran y se ofenden unas a otras de continuo. Sin perdón, la comunidad no podría seguir, y simplemente se destruiría. Más aún, se destruiría la posibilidad misma de que Dios nos perdonara, pues el Padrenuestro, oración por excelencia, recuerda continuamente la condición: "*Perdona nuestras ofensas, pues nosotros también perdonamos a quienes nos deben*" (11, 4). En otras palabras, nosotros mismos pedimos que Dios nos trate de la misma manera como tratamos a los demás. Cosa gravísima.

¡Confíen totalmente en Dios!
(17, 5-6)

Los apóstoles hacen la petición más importante: "*¡Aumenta nuestra fe!*". Esto porque la comunidad se reúne gracias a una fe, que significa compromiso con el proyecto de Dios, plenamente realizado en la palabra y en la acción de Jesús. ¿Cómo aumentar un compromiso? O existe, o no existe. Jesús compara la fe con una semilla de mostaza, que es la menor de todas las semillas. Pues bien, dice Jesús: si ustedes tuvieran una fe de ese tamañito, ya pueden ordenar a una higuera que se transplante en el mar. Si tenemos en cuenta que los árboles no crecen en el mar, entenderemos que quien tiene un granito de fe ya puede hacer cosas que parecen imposibles.

¡No piensen que ustedes tienen méritos!
(17, 7-10)

La introducción del v. 7 también podría ser así: "¿Ustedes pueden imaginar que si alguien de ustedes...?". Y la respuesta sería: "No. ¡Eso es impensable!". Se trata de un patrón pobre, pues tiene un solo empleado. ¿Quién es el que debe servir? ¿El o el empleado? Es claro que el empleado. ¿Necesita el patrón agradecer al empleado por el servicio? Claro que no, pues el empleado ha hecho lo que debía hacer, y punto.

La parábola puede chocar un poco, pues parece justificar la esclavitud. Pero Jesús no pretende eso. Quiere simplemente emplear un hecho de la vida de ese tiempo para mostrar que los cristianos son siervos de Dios, y que el servicio a Dios no debe ser concebido como fuente de méritos: "*Somos siervos inútiles; hemos hecho lo que debíamos hacer*". ¿Cómo entender esto?

Basta recordar que servir a la voluntad de Dios no es ir contra nuestra voluntad, pues la voluntad de Dios es nuestra voluntad más profunda. En otras palabras, servir a lo que Dios quiere es servir a lo que nosotros queremos. Quien todavía no ha descubierto esto, todavía no conoce al Dios verdadero, porque El es la fuente de la libertad y de la vida. Servirlo a El es encontrar esa libertad y esa vida que tanto buscamos. ¿Y esto merecería un premio especial? Quizá un premio para Dios.

¡Aprendan a reconocer el don de Dios!

(17, 11-19)

Lucas retoma el hilo de la narración, recordando que Jesús va de camino hacia Jerusalén, quizá bajando hacia el valle del Jordán, en dirección a Jericó (ver 9, 51; 13, 22; 18, 35). Cerca del poblado, se encuentra con diez leprosos. De hecho, conforme a la Ley, ellos debían permanecer fuera de la ciudad (marginados). La petición que hacen a Jesús demuestra la confianza. Jesús no los cura de inmediato, sino que prueba la fe de ellos y su obediencia a las prescripciones de la Ley. En efecto, se ordenaba que un curado se presentara a los sacerdotes para que éstos comprobaran la curación y lo reintrodujeran en la convivencia social (Lv 14, 1-32). Si los leprosos obedecieron a Jesús fue porque creyeron en la curación.

En el camino quedan curados y uno de ellos, uno solo, se vuelve para agradecer a Jesús. Y anota Lucas, éste era un samaritano. Lucas tiene predilección por los samaritanos (4, 27; 7, 9; 10, 30-37), porque Samaria será uno de los primeros lugares en ser evangelizados (Hch 8, 5-8). Pero hay otro dato importante: los otros nueve leprosos son judíos. Y judíos y samaritanos se odian (9, 53). Muy curioso: ¿Por qué la miseria reúne a las personas? He aquí la fuerza de los pobres, de los débiles y de los enfermos: solidarizarse entre sí, para atacar juntos las causas de la pobreza, de la debilidad y de la enfermedad. ¿No tendríamos aquí un grupo de LA (Leprosos Anónimos)?

Y nuevamente la gran lección nos la da un samaritano: dar gloria a Dios. ¿Qué significa esto? Significa ser capaz de reconocer el don y agradecer a Dios porque El es la fuente de todos los dones. La mejor forma de oración es esta alabanza que reconoce que Dios es Dios, y el Hombre no es Dios. Cabe al hombre acoger el don de Dios y alabarlo con gratitud. Justamente lo contrario del espíritu de mérito.

Para reflexionar en grupos

1. ¿En nuestra comunidad hay escándalos que derrumban la fe de los pobres? ¿Cuáles? ¿Quién los provoca?
2. ¿Nuestra comunidad vive el espíritu del perdón mutuo? ¿De qué manera?
3. Sin el perdón fraterno la comunidad se destruiría. ¿Por qué?
4. Representar el episodio de los diez leprosos. Después comentar en grupo lo que ha sentido cada uno.
6. ¿La comunidad cultiva la oración de alabanza? ¿Cuáles son los motivos que tenemos para alabar a Dios?

33
EL JUICIO Y EL REINO
(17, 20-37)

En el tiempo de Jesús eran muchas las expectativas que existían de una gran transformación de las condiciones de vida. Hacía mucho tiempo que el pueblo estaba dominado por grandes potencias extranjeras y dentro del propio país la injusticia era el pan de cada día. Se esperaba ardientemente el día del Hijo del Hombre, el personaje misterioso que vendría de parte de Dios para hacer el juicio e instaurar el Reino de Dios (ver Dn 7, 9-18). A toda costa se buscaban signos que indicaran la proximidad de este día terrible y glorioso.

También hoy el pueblo desea ardientemente grandes transformaciones. ¿Cuándo sucederán? ¿Dónde? Cualquier gran catástrofe, natural o social, hace pensar en el fin de los tiempos, sobre todo cuando llegan las fechas redondas: año 1000, año 2000...

Pero según el Nuevo Testamento, el gran juicio y la venida del Reino van sucediendo en la historia. Sin embargo, ¿cómo distinguir el día del Hijo del Hombre (17, 22-37) y la venida del Reino? (17, 20-21).

El Reino está en medio de ustedes (17, 20-21)

Son los especialistas prácticos de la religión, los fariseos, quienes preguntan sobre el momento en que ha de llegar el Reino de Dios. Bien se entiende que detrás de esta pregunta ellos querían saber cuáles serían los signos que indicarían la llegada del Reino. Como nosotros, también ellos construían muchas fantasías.

La respuesta de Jesús es, en cierto modo, decepcionante: *"El Reino de Dios viene sin dejarse sentir"*. O sea, nada de grandes estrépitos o fuegos artificiales. Eso, cuando mucho, caracteriza las cosas humanas, pero no el Reino. De modo que no se podrá decir o señalar: el Reino está aquí o está allí. En efecto, el Reino no es algo que va a caer de pronto sobre la realidad, se trata más bien de una transformación profunda de las relaciones humanas.

"El Reino de Dios está en medio de vosotros". Algunos quisieran traducir *"dentro de vosotros"*, que es posible en virtud de la lengua, pero no por las circunstancias, pues Jesús está hablando con los fariseos, justamente aquellos que no han aceptado su mensaje. Por otra parte, el Reino no es solamente una realidad interior. Jesús quiere decir que El mismo es el reinado de Dios entre los hombres, porque a través de El Dios está realizando su proyecto. ¿Cuál? El de liberar a todos para la vida, por medio de la instauración de relaciones de fraternidad y coparticipación. Esto es el Reino de Dios. Es la justicia la que transforma las relaciones injustas en relaciones justas. El Reino se hace presente y visible siempre que los hombres practican la justicia creando relaciones de fraternidad y de coparticipación, de modo que todos puedan tener la libertad y la vida. De esta manera el Reino de Dios en Jesús se hace presente y manifiesto. Y esto va sucediendo siempre que estas relaciones justas derrotan la injusticia. Y ahí tenemos no sólo la señal del Reino, sino el Reino mismo.

¿Es el día del Hijo del Hombre? (17, 22-25)

Jesús es el propio Hijo del Hombre, el misterioso personaje que viene de parte de Dios para hacer el juicio e instaurar el Reino. Llegará el tiempo en que los discípulos desearán verlo, pero no podrán. ¿Por qué? Porque Jesús *"deberá sufrir mucho y ser rechazado por esta generación"*. De hecho, el juicio y el Reino serán fruto de su testimonio hasta el final, hasta la muerte. Su muerte en manos de los poderes injustos manifestará la perversidad de los poderes injustos y los condenará. Entonces sí quedará claro que el Reino es el triunfo de la justicia sobre la injusticia.

Los discípulos, por tanto, no deben creer en los rumores de que el Hijo del Hombre está aquí o allí. Pues Jesús estará presente como el relámpago que ilumina el cielo y la tierra. ¿Cómo? El se estará manifestando en todo lugar y en todo tiempo, en el mundo entero, dondequiera que se dé el testimonio de la justicia que derrota a la injusticia.

Será un día imprevisible (17, 26-30)

¿Cómo prever el día del Hijo del Hombre? ¿Cómo prever el día del juicio y de la venida del Reino de la justicia? Imposible. Es un día imprevisto e imprevisible. Como el día del diluvio (Gn 6-8): todos vivían tranquilamente, hasta que llegó el *aguacero* y los ahogó a todos. También será como el día de la destrucción de Sodoma (Gn 8-19): la ciudad toda fue destruida, en forma imprevista. Lo mismo sucederá el día del Hijo del Hombre. Nadie lo podrá prever, pero los alcanzará a todos: la injusticia será juzgada y triunfará la justicia.

Que exigirá estar preparado (17, 31-33)

La urgencia de este día será tan grande que no habrá tiempo de volver a recoger los bienes. El que quisiera hacer esto resultaría destruido como la mujer de Lot, que simplemente miró hacia atrás. Sencillamente, no habrá tiempo de cambiar a última hora: quien quiera salvarse, se perderá, y el que pierda su propia vida la conservará. Es decir, ya estará todo decidido: el que practicó la justicia estará a salvo; el que no la practicó ya no tendrá tiempo.

Justos e injustos serán separados (17, 34-36)

El evangelista da tres ejemplos para señalar que la separación entre justos e injustos alcanzará inclusive hasta las relaciones más íntimas, como el matrimonio (la cama) y la del trabajo (mujeres moliendo, hombres en el campo). En otras palabras, nada podrá conservar unidas a las personas que sean separadas por el juicio, porque lo decisivo es la práctica o no —práctica de la justicia.

Dondequiera que se encuentren las personas (17, 37)

La pregunta de los discípulos tiene la finalidad de mostrar la extensión del juicio. "*¿Dónde?*" ¿Habrá algún lugar especial para este suceso? No, según la respuesta de Jesús: "*Donde esté el cuerpo, allí también se reunirán los buitres*". Es decir, el juicio sucederá dondequiera que estén las personas. Como se trata de manifestar la verdad de todos y de cada uno, el juicio sucederá donde estén todos y cada uno. Por lo tanto, no habrá refugio o lugar seguro, pues el juicio no vendrá de fuera, sino de dentro de las propias personas. Cada uno verá la verdad de sí mismo ante el espejo que es el propio Jesús, porque en El se manifestó todo el proyecto de Dios para los hombres.

Para reflexionar en grupos

1. ¿Cómo podemos saber efectivamente que el Reino de Dios está entre nosotros?
2. ¿Qué significa practicar la justicia?
3. ¿Nuestra comunidad busca practicar la justicia? ¿Qué significa esto en el lugar y el tiempo en que vivimos?
4. El juicio ya está en marcha. ¿Cómo podemos percibirlo?
5. El juicio es manifestación de la verdad. Comentar con ejemplos.

34
SEAN COMO LOS NIÑOS
(18, 1-30)

En materia de religión, ya se nos ha dicho y exigido mucho. Tanto, que muchas personas simplemente desisten de todo, al ver que no se logra nada, que el fardo es muy pesado, muy inhumano, etc. ¿Ante tantas obligaciones que ya tenemos, una más, la obligación religiosa?... Sin embargo, ¿será que la religión es una prisión, una entre tantas otras opresiones? ¿No será más bien una liberación total? ¿Cómo llegar a esto? ¿Cómo practicar la religión liberadora?

El Evangelio nos lo enseña. Primero, es preciso buscar la justicia con perseverancia, sin desanimarnos nunca, ciertos de que Dios es Padre y va a liberarnos con justicia (18, 1-8). Después, es necesario reconocer lo que somos, nuestra propia injusticia, para que Dios nos perdone (18, 9-14). Entonces sí podremos volvernos como los niños, abiertos para el Reino de Dios, que es Reino de justicia (18, 15-17). Y si queremos practicar la religión más avanzada, debemos escoger la pobreza y disponernos a seguir a Jesús (18, 18-30). Solamente en el seguimiento de Jesús encontramos pleno sentido para la vida que vivimos ahora y llegaremos a la plena realización de la Vida.

¡Pidan justicia y confíen! (18, 1-8)

Esta parábola tiene dos aspectos acumulados. Originalmente llama la atención sobre el juez y lo contrapone a Dios: si un juez injusto atiende, mucho más Dios, que es justo y ama a sus escogidos. Pero, en el marco actual, pasa a ser una lección sobre la perseverancia en la oración, y recuerda de cerca lo que se dijo en 11, 5-12: el juez terminó haciendo caso por la insistencia. Por eso, no desistan.

Se puede decir mucho más. La parábola refleja una situación desesperante: la viuda está en su derecho, pero nadie le ha hecho justicia. Recurre al juez, pero éste es corrupto, y la única arma de ella es la insistencia, el arma de los pobres. Por tanto, en su núcleo mismo la parábola insiste en la búsqueda perseverante de la justicia. Esto es lo que los pobres deben hacer: perseverar, en la acción y en la oración, buscando la justicia. ¿Se la negará Dios? Al contrario, el proyecto mismo de Dios es el Reino de la justicia. Pero hay un problema: Dios necesita de los hombres, y de que los hombres busquen y luchen por la justicia. Así es como se levanta Jesús, el Hijo del Hombre, para hacer justicia y traer el Reino. Pero pregunta Jesús: *"Cuando el Hijo del Hombre venga, ¿encontrará la fe sobre la tierra?"*. ¿Será que nosotros vamos a desistir de buscar y luchar, con acción y oración, a fin de que la justicia triunfe sobre la injusticia y traiga libertad y vida para todos los oprimidos y explotados de este mundo?

¡Pidan perdón y confíen! (18, 9-14)

Se ha hablado ya mucho sobre esta parábola y nadie ciertamente simpatiza con la figura del fariseo, sino que se identifica de inmediato con el cobrador de impuestos. Quizá demasiado.

El fariseo no es criticable por orar de pie, que era la posición judía más usada en la oración, ni porque dice que es muy bueno. Realmente, la Ley exigía un solo día de ayuno en el año, y el diezmo no era exigido sobre todas las posesiones. El problema del fariseo y de muchos de nosotros es lo que *no dice*. No cuenta nada sobre sus pecados. Solamente tiene en cuenta su plenitud de méritos. Peor aún, se compara con el pecador, afirmando que Dios lo escucha a él y no al pecador (ver Jn 9, 31). El fariseo no tiene cómo ser perdonado, pues, ¡ni siquiera ha tomado conciencia de sus pecados!

El cobrador de impuestos, al contrario, se ve bien a sí mismo y sólo tiene ojos para sus pecados. Su única petición es de misericordia, es decir, de perdón. Y, según el Sal 51, 19, Dios escucha al pecador arrepentido y le perdona.

La parábola pone en escena los dos extremos de la sociedad judía: el fariseo, que se juzga justo y perfecto, y el cobrador de impuestos, que era considerado marginal por su propio oficio de recaudar impuestos para el Imperio romano opresor. Pero preguntamos: ¿Cómo puede alguien, viviendo dentro de un sistema injusto, gloriarse de su propia justicia? ¿Qué justicia? Dentro de un sistema injusto, todos somos favorecedores del mismo, todos injustos, todos pecadores...

¡Sean como los niños y confíen!

Aquí los niños no revisten el significado de la inocencia y de la pureza. Por lo demás, como muestra la psicología, los niños no son tan inocentes y puros como pensamos. Recordemos que en tiempos de Jesús el niño no tenía ningún significado social, inclusive era tratado lo mismo que los esclavos. En griego se usa una misma palabra para decir niño y para decir esclavo... Por lo tanto, aquí el significado de niño es social: no tiene ni puede tener aspiraciones y ambiciones, exactamente lo mismo que los esclavos. Pero, a pesar de todo, tanto el niño como el esclavo están en espera de la libertad y de la vida, están a la espera del Reino de la justicia, que les traerá lo que tanto anhelan. Y a ellos, y a todos los que son como ellos, Dios les concede el Reino, para su alegría, porque será una gran liberación.

Por tanto, "recibir como un niño el Reino de Dios" no significa regresar y volver a ser lo que se fue. Más que esto, significa escoger la pobreza conscientemente, despojándose de todas las aspiraciones y ambiciones, a fin de acoger el Reino que libera para la vida.

¡Repartan con los pobres, síganme, y confíen!

(18, 18-30)

Se trata de una persona importante, quizá un gobernador. Piensa que ya ha practicado la religión elemental, y quiere la religión avanzada. Reconoce en Jesús a un Maestro bueno, a un hombre bueno. Pero Jesús le muestra que cualquier bondad humana no es bondad frente a la bondad de Dios. Entonces le hace el examen de la religión elemental: practicar los mandamientos de la Ley, principalmente los que se refieren a la justicia en las relaciones. El hombre ha cumplido esto desde la juventud.

"Aún te falta una cosa. Vende todo cuanto tienes y repártelo entre los pobres, y tendrás un tesoro en los cielos; luego, ven y sígueme". Palabras duras, que exigen una total confianza en el proyecto de Jesús, que es el proyecto de la justicia. Y la justicia comienza exactamente allí: repartiendo lo que cada uno posee, los pobres quedarán libres de su pobreza y tendrán más libertad y vida. ¿Y entonces? El hombre no superó este otro examen de la religión avanzada. Por el contrario, *"se puso muy triste, porque era muy rico"*. Como no se retiró de inmediato, todavía oyó a Jesús decir cuán difícil es para los ricos entrar en el Reino de Dios. Imagínense: ¡Es más fácil que un camello pase por el ojo de una aguja! ¿Y ahora? ¿El rico no se salva? ¿Quién puede salvarse? Principalmente porque, aunque no siempre se tienen riquezas, casi todo el mundo piensa como el rico: no quiere repartir nada de lo que tiene, y por eso nunca se cumple la justicia. ¿Hará Dios una concesión? ¿Podríamos entender la frase del v. 27 como una "concesioncita divina"? Pienso que no. Lo que significa realmente es que aunque los hombres no hagan justicia, Dios la hará, duélale a quien le duela, quiéranlo o no los hombres.

Pero hay unos que han aceptado la invitación a la religión avanzada. Son quienes, conociendo o sin conocer a Jesús, han dejado todo y han escogido ser pobres con los pobres, abrazando con ellos la causa de la justicia, que es el centro del proyecto de Dios y de Jesús. ¿Cuál será la recompensa de ellos? El propio Reino, es decir, la alegría y la realización que vienen de la práctica de la justicia. Es esto lo que da sentido a nuestra vida y nos lleva a experimentar la vida eterna, que es la vida de Dios mismo, pues también El hace de la justicia el centro de su revelación y acción. Por tanto, *"recibir mucho más durante esta vida, y, en el mundo futuro, recibir la vida eterna"* no significa, como piensan muchos, un medio para tener todavía más dinero y montar una abundancia para toda la eternidad. Por el contrario, la Vida que Dios promete para ahora y después es la alegría que llega con la práctica de la justicia, y nos lleva a la realización que consiste en compartir todo para que todos tengan lo necesario y suficiente para vivir. Cuando comprendamos que tres cuartos de la humanidad hoy se ahogan en la miseria y mueren de hambre mientras una cuarta parte de ella se ahoga en el lujo y muere de indigestión, entonces comprenderemos también que la puerta de la justicia es la única puerta para que *todos* tengan la Vida.

Para reflexionar en grupos

1. ¿Por qué la búsqueda de la justicia debe ser el centro de nuestra acción y oración? ¿Es así en nuestra comunidad?
2. "Es imposible ser justo dentro de un sistema injusto". Comentar y sacar las consecuencias.
3. ¿Por qué el niño es un ejemplo para nosotros? ¿En qué debemos ser como él?
4. ¿De qué manera practica nuestra comunidad la religión avanzada, y que es la invitación del Evangelio?
5. Representar en grupo toda la escena de Lc 18, 18-30, de modo que todos participen. Después, todos comentan lo que han descubierto.

35
LA INMINENCIA DEL GRAN JUICIO
(18, 31-19, 28)

El largo viaje de Jesús hacia Jerusalén, iniciado en 9, 51, está para terminar (19, 28). Ya hemos hecho notar que este viaje, más que geográfico, es un viaje "teológico" o "pedagógico", donde Jesús va enseñando poco a poco lo que significa seguirlo, es decir, comprometerse con El. Varias piedras y baches han aparecido en el camino, intentando crear obstáculos a la caminata. Los últimos obstáculos son recordados ahora, mostrando claramente el sentido de lo que va a suceder en Jerusalén: el Hijo del Hombre va a hacer el gran juicio y va a instaurar el Reino de Dios.

Pero esto no es comprensible para todos, pues inclusive los discípulos que habían acompañado a Jesús tampoco entendieron nada (18, 31-34). Sin embargo, es algo simple, que hasta un pobre ciego puede ver (18, 35-43): Jesús va a juzgar la injusticia y va a traer el Reino de la justicia. Zaqueo, el rico explotador, entendió esto, y mostró que hasta los ricos pueden participar del Reino, siempre que practiquen la justicia, o sea, que dejen de ser ricos (19, 1-10). Y la parábola trae la última advertencia: Jesús es el Rey que va a juzgar a todos, decidiendo quién entra o no en su Reino.

Jesús va a provocar el Gran Juicio (18, 31-34)

Es el tercero y último anuncio de la Pasión. Jesús muestra lo que va a suceder en Jerusalén: los poderes de la ciudad —que son paganos, es decir, no conocen al Dios Justo— van a apresarlo, juzgarlo, torturarlo y matarlo. Pero Jesús resucitará como justo. Esto probará que los poderes de la ciudad son perversos, pues matan al justo e inocente. ¿Por qué? Porque la inocencia y la justicia atacan los procesos de explotación y opresión promovidos por los poderes económico, político e ideológico que reinan en la ciudad y producen la esclavitud y la muerte para el pueblo.

La resurrección de Jesús, empero, mostrará que los poderes de la ciudad no logran matar al justo e inocente, porque Dios los resucita, mostrando y condenando la perversidad de los poderes de la ciudad. Los discípulos, sin embargo, no entienden nada. ¿Por qué es tan difícil para ellos y para muchos cristianos entender que el sentido de toda la vida de Jesús es luchar contra la injusticia y promover la justicia? ¿Será porque muchos de nosotros estamos seriamente comprometidos con el proceso de la injusticia? ¿O haciendo equilibrios en el medio? Jesús no hizo equilibrios, y por eso mismo fue asesinado... ¿Por qué será que estamos vivos todavía? ¿Por qué será que no somos perseguidos?

Hasta un ciego puede ver (=comprender) a Jesús (18, 35-43)

La persona que la gente menos espera que vea es un ciego. Curiosamente es él quien ve a Jesús, y no sólo lo ve, sino que ¡se pone a seguirlo! Interesante: aquellos que menos esperan son los que comprenden y siguen a Jesús en la práctica. ¿Por qué será?

El ciego vive en una situación que produce lástima: aprisionado por la ceguera y la miseria que de allí viene. Está mendigando en el camino, pide a los que van a Jerusalén a la fiesta de la Pascua, la fiesta de la liberación. Pero algo diferente hay en el aire, y el ciego lo capta. El modo de dirigirse a Jesús —hijo de David— muestra que él está a la espera del Mesías que ha de instaurar el Reino de la justicia.

Y esto es lo que él quiere ver: el Reino de la justicia, que libera a los débiles y a los pobres. Y Jesús le devuelve la vista, dándole no sólo la visión física, sino la visión de la fe, que lo hace comprender a Jesús y su camino. Y el ciego curado se compromete con El y lo sigue. ¿Y nosotros? ¿Comenzamos a comprender algo, o seguimos como los discípulos, que no comprenden nada de lo que Jesús dice? ¿No será que el modo sea sentarse a la orilla del camino, junto al ciego, es decir, experimentar ser víctima de la injusticia? Mientras no nos arde la pimienta en los ojos, parece que nuestros ojos nunca se abren...

El rico también puede salvarse (19, 1-10)

Si comparamos el pasaje de Zaqueo con el del hombre rico, quizá un gobernador (18, 18-30), percibiremos mucha semejanza, y al mismo tiempo, mucha diferencia. Pero lo que sorprende es que uno quería y no pudo, y el otro parece no querer nada, y lo logra todo. Ah, los caminos de Dios...

Zaqueo es jefe de los cobradores de impuestos, y, claro, es muy rico, pues aprovechaba la maquinaria estatal para ganar un "poquito". Pero él, sin querer, entra en el camino de Jesús, pues su deseo, en el fondo, es de perfección evangélica. En primer lugar, quiere ver a Jesús. La curiosidad es el comienzo del camino. Después, se trepa a un árbol, porque era muy bajo de estatura. Es el segundo paso: perder la dignidad social, basada en el poder y en la riqueza. Imaginémonos a una persona de buena posición social trepada en un árbol, ¡como un mico! Ridículo. Pero Jesús ve todo y le sigue la corriente: va a parar a casa de Zaqueo. Y allí aparece el contraste: Zaqueo se alegra, los hipócritas critican, no a Zaqueo, sino a Jesús. El punto destacado está en las palabras de Zaqueo a Jesús, para mostrar que se va a desprender de todo. La mitad de sus bienes la va a dar a los pobres. ¿Por qué sólo la mitad? Porque la otra mitad la va a *devolver*. Cuatro veces más era lo que el derecho romano preveía en caso de robo manifiesto y público. O sea: Zaqueo está reconociendo que hasta este momento era un ladrón público. Comprendió muy bien de dónde viene la riqueza...

Queda una pregunta: ¿Qué le va a sobrar a Zaqueo después de practicar la justicia que Dios quiere? Quizá una deuda que no podrá pagar en el resto de su vida. Tendrá que vivir la vida del pobre, que, en general, sólo tiene deudas y cuentas por pagar...

Esta es la invitación que deja el Evangelio a los ricos: practicar la justicia y hacerse pobre. Sólo así se podrá comprender el Evangelio. Entonces sí comenzará la búsqueda de la justicia, con fe y confianza de que la justicia que Dios quiere sea conocida por todos. Ser hijo de Abrahán es pertenecer al pueblo de Dios. Pero para pertenecer a él es preciso practicar la justicia. Para los ricos, por tanto, no todo está perdido *siempre que dejen* de ser ricos... Esto parece responder a la exclamación de los discípulos en 18, 26.

La realización del Gran Juicio (19, 11-28)

Este pasaje corona todo el viaje de Jesús, pero no se refiere ya a la caminata sino al punto de llegada, para mostrar lo que va a suceder en Jerusalén. Comparando con Mt 25, 14-30, veremos que en Lucas tenemos dos parábolas mezcladas: la del pretendiente al trono y la de los talentos. El resultado es una gran parábola con dos extremos: el primero en 19, 26 y el segundo en 19, 27.

El texto se refiere a la partida de Jesús hacia Dios, donde recibirá la realeza, para después volver y realizar el juicio. Y el juicio se hará teniendo en cuenta la justicia que cada uno ha practicado. Quien la practicó más, participará más del gobierno justo de Jesús. Quien la practicó menos, participará menos. El que no la practicó nada, perderá todo, porque el sentido de la vida propuesta por Dios a todos sólo puede alcanzarse por la práctica de la justicia.

La parábola del pretendiente al trono hace referencia a un acontecimiento histórico pasado. Cuando murió Herodes el Grande, Arquelao fue a Roma para ser confirmado como gobernador de Judea. Una delegación de judíos se opuso y fue después castigada con la muerte. De este acontecimiento histórico la parábola pasa a lo que va a suceder con Jesús: los poderes de la ciudad se van a oponer a El y lo van a matar. Con su resurrección, sin embargo, el juicio recaerá sobre ellos y los condenará.

Por lo tanto, el texto muestra el sentido de lo que va a suceder. Jesús se enfrentará con la ciudad y sus poderes injustos. A primera vista los poderes injustos parecerán triunfar. Puro engaño. Serán ellos quienes, mostrando su propia perversidad, resultarán condenados. De este gran juicio es de donde van naciendo poco a poco, aquí y allí, en este o en aquel tiempo, los signos del Reino de Dios, el Reino de la justicia. Pero cuidado: no es posible tener el Reino de la justicia sin destruir primero el Reino de la injusticia.

Para reflexionar en grupos

1. ¿Por qué los discípulos no comprenden lo que dice Jesús? ¿Nuestra comunidad está en la misma situación de ellos?
2. A veces un ciego ve más que nosotros, que tenemos buenos los dos ojos. ¿Por qué sucede esto? ¿Cuál es la solución?
3. El Evangelio no cierra la puerta a nadie, pero pone condiciones. ¿Cuáles son ellas? ¿De qué modo nos afectan también a nosotros?
4. Conocemos el Evangelio. Pero, ¿hasta qué punto lo practicamos? ¿Qué es lo que nos impide practicarlo del todo?
5. Vivir el Evangelio es practicar la justicia. ¿Qué significaría esto en el lugar en que estamos viviendo?
6. ¿Estamos dispuestos a acompañar a Jesús en su enfrentamiento con los poderes de la ciudad?

36
LLEGO EL MESIAS POBRE PARA LIBERAR A LOS POBRES
(19, 29-20, 8)

La llegada de Jesús a Jerusalén, la capital del pueblo judío, está marcada por dos reacciones diferentes: el pueblo pobre lo aclama como el Rey-Mesías, instaurador de la justicia y de la paz, liberador de los pobres y débiles (19, 29-40). Las autoridades, en cambio, se sienten amenazadas en su prestigio, que reposa grandemente en su actitud injusta de promover y mantener la desigualdad. Temen que el movimiento de Jesús "prenda el fuego" y transforme la situación.

De la alegría por la llegada, pasamos a la tristeza y al llanto, porque la ciudad no va a comprender la última oportunidad que se le está dando (19, 41-44). Y el primer acto de Jesús es tomar posesión de la casa del Padre, purificando no sólo la religión sino toda la vida económica y política del pueblo (19, 45-48). ¿Qué autoridad tiene Jesús para hacer todo esto? (20, 1-8). He allí la gran celada. Pero Jesús es más listo que sus adversarios y les devuelve la celada. Todavía no ha llegado el momento de la acción decisiva, que colocará en la historia un nuevo marco. La nueva historia se construye por el anuncio y la práctica de la justicia.

Ha llegado el Mesías libertador de los pobres
(19, 29-40)

Todo el pasaje es simbólico y quiere hacer una referencia directa al profeta Zacarías 9, 9-10, donde se anunciaba la llegada del rey pobre que libera a su pueblo. En el Antiguo Testamento los reyes usaban muchas pompas y montaban caballos. En tiempo de las tribus, en cambio, los líderes que liberaban al pueblo montaban sobre asnos (Jc 5, 10; 10, 14). Con Jesús retorna el ideal libertario e igualitario de las tribus: El es el jefe que va a liberar al pueblo de los enemigos y a hacer que el pueblo viva según la justicia y el derecho.

El pueblo entiende bien esto y comienza a aclamar a Jesús como su verdadero rey. Finalmente ha llegado el tiempo de respirar la libertad y la vida. Los fariseos saben lo que esto significa. Ha llegado el tiempo del fin de la falsedad, de la religión desligada de la vida, del "estar en el medio" y de los "favores". Ahora es el tiempo de la justicia, y los poderosos que se cuiden. ¿Cómo hacer callar a la multitud? Si ella callara, gritarían las piedras, es decir, la propia naturaleza sabrá reconocer la liberación que viene por el Reino de la Justicia. Y siempre queda una pregunta: ¿Por qué las autoridades religiosas, aquí los fariseos, temen tanto a la justicia? ¿Será que el propio proyecto de Dios es peligroso para ellos?

De la alegría al llanto
(19, 42-44)

Con la entrada de Jesús a Jerusalén ha llegado el día de la "visita" de Dios a la ciudad. En el lenguaje bíblico, la "visita" es un modo de hablar del juicio y de la salvación. Dios viene hasta la ciudad para pedir cuentas de su vida. ¿La ciudad ha practicado la justicia? ¿O ha promovido y multiplicado la injusticia a través de los sistemas económicos y políticos, siempre encubiertos por la ideología que hace que el pueblo "coma gato por liebre"? Jesús se entristece, porque sabe que la ciudad no va a aceptar el anuncio y la práctica de la justicia, que sería el camino para la vida. Y el resultado de este rechazo será terrible: la ciudad será atacada y tomada por los enemigos, sedientos de poder y riqueza. Todo esto puede ser una alusión a lo que sucedió en el año 70 dC, cuando Jerusalén fue tomada e incendiada por los romanos. Pero el evangelista usa un lenguaje común al Antiguo Testamento (ver Is 29, 3-4; Os 14, 1; Na 3, 10; Sal 137).

El juicio es terrible: en la ciudad no quedará piedra sobre piedra. ¿Por qué? Porque el cemento entre las piedras está lleno de la sangre del pueblo explotado y oprimido. Por eso la belleza de la ciudad también es al mismo tiempo un gran clamor que eleva el pueblo hacia Dios. ¿Será que esto sigue sucediendo en nuestras ciudades? ¿Dónde está el clamor del pueblo por la justicia?

Jesús ataca el centro de la injusticia
(19, 45-48)

En el centro de la ciudad está el Templo, centro de la vida del pueblo de Dios. Jesús va derecho hacia él. ¿Qué es lo que ve? El templo de Dios ha sido transformado en tienda y banco. En efecto, allí estaban los poderosos, que conducían la vida económica y política del pueblo, y todo se había justificado con la máscara de la religión. Jesús ataca el comercio y expulsa a los comerciantes. Al hacer esto, El no sólo está destruyendo un concepto falso de religión, sino también cambiando las bases económicas y políticas que rigen la vida del pueblo. El ha llegado para tomar posesión de la casa del Padre (2, 49). Y esto significa que en adelante el pueblo deberá vivir una religión que libera, produciendo estructuras políticas y económicas justas, es decir, ordenadas a la libertad y la vida de todos.

Jesús pasa a enseñar todos los días en el Templo. ¿Qué enseñaba? Ciertamente el camino de la justicia que libera. Pero los poderosos se sienten incómodos. ¿Por qué? Porque se sienten amenazados en sus privilegios y mayordomías, conseguidos y conservados gracias a la injusticia. Su plan es matar a Jesús, pero no saben cómo hacerlo, por causa del pueblo. Terrible. Las propias autoridades religiosas conspirando sobre cómo poner fin a un inocente y justo que sólo anuncia y practica la justicia. ¿Será que ya terminó la conjura, o existe todavía?

Jesús es más listo que los hijos de las tinieblas

(20, 1-8)

Este pasaje presenta una verdadera llave de lucha entre Jesús y las autoridades religiosas. Ellas quieren saber quién le dio autoridad a Jesús para hacer todo aquello, a saber, entrar en Jerusalén de aquella manera, decir aquellas terribles palabras sobre el futuro de la ciudad y, principalmente, interferir en las cosas sagradas del Templo. Lo que, en el fondo, quieren ellas es que Jesús diga que es el Mesías enviado por Dios para gobernar al pueblo. Pero Jesús no es tonto. El sabe que así ellos lo entregarían al poder romano como enemigo subversivo, y quedarían con las manos limpias.

Pero Jesús aprieta la llave. Devuelve la trampa, preguntando a las autoridades sobre el bautismo de Juan. ¿Este bautismo viene de Dios o viene de los hombres? Grande celada. Si las autoridades dicen que viene de Dios, Jesús les va a preguntar: ¿Por qué entonces ustedes no lo aceptaron a él ni a mí? Si dicen que tal bautismo viene de los hombres, serían apedreados por el pueblo, pues éste veía en Juan el Bautista a un profeta enviado por Dios.

Y el asunto no se resuelve. Las autoridades no se entregan, ni tampoco Jesús. Pero queda siempre abierta una pregunta: ¿Por qué las autoridades tienen tanta dificultad en aceptar lo que viene de Dios?

Para reflexionar en grupos

1. El pueblo sabe reconocer a los verdaderos líderes. Pero muchas veces el pueblo es engañado y come "gato por liebre". ¿Por qué? ¿Quién lo engaña y por qué?
2. Si la ciudad no se construye con justicia, tarde o temprano se irá abajo. Comentar.
3. ¿De qué modo la religión se convierte en una máscara para la injusticia? ¿Sucede hoy esto entre nosotros? ¿Cómo?
4. ¿De qué modo podemos tomar posesión de la casa del Padre, que es también nuestra casa?
5. ¿Por qué las propias autoridades religiosas tienen dificultad para aceptar lo que viene de Dios?
6. ¿De qué modo podemos usar la llave de lucha como la usaba Jesús?

37
EL PUEBLO PERTENECE AL DIOS DE LA VIDA
(20, 9-47)

Jesús continúa enfrentándose con los poderosos que, desde la ciudad, mantienen al pueblo sometido al sistema de explotación y opresión. Ya se puede prever el final de este gran enfrentamiento: los poderosos matarán a Jesús, pero El se convertirá en el núcleo alrededor del cual se reunirá el pueblo de Dios (20, 9-19). Y este pueblo habrá sido liberado, sin pertenecer ya ni a los poderosos de la nación ni a los poderosos del extranjero. Al contrario, pertenecerá al Dios que libera para la vida, creando el germen de una nueva sociedad y de una nueva historia (20, 20-26).

Comienza entonces una nueva fase de la historia, donde el pueblo se reunirá alrededor del Dios de la vida (20, 27-40), que no quiere la muerte y el sacrificio, sino la libertad y la vida. Esto es mucho más de lo que el pueblo mismo esperaba. En efecto, Jesús no es solamente el hijo y heredero de David, que restablecería la monarquía gloriosa de Israel (20, 41-44). Jesús es el Hijo del Dios de la vida, y vino para dar vida a todos. Y el pueblo debe estar atento para no ser engañado por los que poseen el poder del saber pero lo utilizan solamente en provecho propio (20, 45-47). En adelante, el único saber genuino es el que lleva al pueblo a la libertad y a la vida.

Las autoridades van a matar a Jesús
(20, 9-19)

Con la parábola de los viñadores asesinos Jesús muestra que es plenamente consciente de lo que está sucediendo y va a suceder. Los viñadores son los jefes religiosos del pueblo (doctores de la Ley y jefes de los sacerdotes). La misión de ellos era hacer que el pueblo produjera para Dios. En vez de esto, ellos utilizaban al pueblo para su propio provecho, matando a todos aquellos (empleados = profetas) que los criticaban. Por último, matan también al hijo del patrón, que es Jesús. Es lo que va a suceder.

¿Qué hará Dios? Arrebatará a su pueblo (viña) de la mano de esos viñadores y lo entregará a otros administradores. De ahora en adelante, el pueblo de Dios se reunirá alrededor de Jesús, que es la piedra angular de una nueva construcción. La crítica estaba dirigida a las autoridades religiosas, y ellas la entendieron muy bien, hasta el punto de querer prender a Jesús. Pero todavía no era el momento. Entre Jesús y las autoridades estaba el pueblo, que servía de protección.

Nuevamente percibimos el conflicto fundamental, que está entre el proyecto de Dios y el comportamiento de las autoridades religiosas. En la raíz del conflicto tenemos el hecho de que tales autoridades intentan por todos los medios apoderarse de aquello que pertenece a Dios.

El pueblo pertenece a Dios
(20, 20-26)

Otra celada. La moneda del tributo era un signo de la dominación romana. ¿Es o no lícito pagar este tributo? Si Jesús responde que sí, quedará desautorizado como aliado del poder opresor. Si responde que no, será acusado de subversivo. Pero Jesús escapa de la trampa. La frase *"dad al César lo que es del César y a Dios lo que es de Dios"* voltea completamente la cuestión. Jesús reconoce que el Estado tiene una función, pero ésta no es la de tomar posesión del pueblo. El pueblo no debe ser considerado como mercancía, ni en las manos del Estado nacional, ni en las del Estado extranjero.

El pueblo pertenece a Dios, y Dios lo libera para la vida. Aunque pertenezca a Dios, ni siquiera Dios se apodera de él o lo explota. Por el contrario, Dios lo hace vivir. Esto es lo que debería comprender el Estado. Su función es salvaguardar la libertad y la vida del pueblo. Sin embargo, cuando el Estado compromete la libertad y la vida del pueblo, pervierte su propia función y se hace intrínsecamente malo.

y Dios es el Dios de la vida
(20, 27-40)

Los saduceos, grandes propietarios de tierras, formaban la élite de los sacerdotes. No creían en la resurrección, y proponen a Jesús un caso difícil, para mostrar que es absurdo creer en la resurrección. Jesús rectifica la cuestión para mostrar que la vida de la resurrección no debe concebirse como una mera copia de la vida en la dimensión presente.

¿Y los muertos resucitan? Refiriéndose a la célebre fórmula *"Dios de Abrahán, Dios de Isaac y Dios de Jacob"*, Jesús muestra que, siendo Dios de los vivos y de la vida, también Abrahán, Isaac y Jacob deben estar vivos para Dios, y esa vida no conoce final. Quien está con Dios está vivo.

Jesús no vino a establecer una monarquía
(20, 41-44)

En aquel tiempo el pueblo esperaba la liberación, y ésta vendría cuando un descendiente de David asumiera el poder y rehiciera el reino glorioso de David. Una restauración nacional.

Pero Jesús rehúsa esta concepción. El es más que un hijo de David, pues el propio David lo llama Señor. En otras palabras, el proyecto de Jesús no es una mera restauración nacional, según el modelo de los proyectos de este mundo. Su misión es para todos, y consiste en llevar a todos a la libertad y a la vida, constituyendo el Reino de Dios, y no el reino de David. Pero el peligro es entender el Reino de Dios como una monarquía absoluta y servirse de esto para explotar y oprimir al pueblo, en vez de liberarlo y llevarlo a la vida. ¿Será que en la historia ha sucedido este malentendido?

Cuidado con los dueños del saber
(20, 45-47)

Los doctores de la Ley o escribas eran los intelectuales de esa época. A ellos competía el estudio y la explicación de la Escritura, la formulación y la aplicación de las leyes y, así, todos los campos de la vida caían bajo la influencia de ellos. Esta concentración del saber constituía su poder. Pero, ¿para qué lo usaban? ¿Para el pueblo? No. Lo usaban para su propio provecho y para garantizar sus privilegios y mayordomías dentro del sistema. Todo encubierto por la máscara de la fidelidad y de la piedad; claro, como una manera de justificarse y de engañar al pueblo.

Dentro de una situación injusta los intelectuales tienen que hacer una opción, y en general ya la han hecho. O usan su saber para promover al pueblo, y llevarlo a la libertad y a la vida, o lo usan para reforzar el sistema que explota y oprime al pueblo. La elección es crítica, pues las consecuencias son serias: ningún intelectual al servicio del pueblo gozará de prestigio y se hará rico. Por el contrario, tendrá la misma suerte que el pueblo a quien procura dar voz. ¿Entonces, qué es preferible? ¿Compartir con el pueblo o compartir con los poderosos? ¿Aprender con la sabiduría del pueblo o acumular montañas de erudición? El saber sólo es bueno cuando conduce a la libertad y a la vida. Este es el saber que Dios revela a los pobres y débiles. Si los intelectuales quieren alcanzar la sabiduría, tendrán que entrar en la escuela del pueblo.

Para reflexionar en grupos

1. ¿Por qué las autoridades religiosas quieren prender y matar a Jesús?
2. El pueblo pertenece a Dios. ¿Qué significa esto en nuestra situación? ¿Quién procura apoderarse del pueblo transformándolo en mercancía?
3. El Dios de la Biblia es el Dios de la vida. ¿Nuestra fe en El nos ha llevado a más vida?
4. Jesús vino para instaurar el Reino de Dios, pero éste no es una monarquía como las demás. ¿Por qué?
5. Los intelectuales pueden ser peligrosos. ¿Cuándo? ¿En qué intelectuales podemos confiar?

38
EL HORIZONTE DE LA HISTORIA
(c. 21)

Jesús continúa en Jerusalén, centro de la vida económica y política, y también el centro que explota y oprime al pueblo. En medio de las críticas a los poderosos se levanta ahora la sentencia final sobre el destino de Jerusalén: la ciudad será tomada por los paganos y el Templo será destruido. Es la misma sentencia que los profetas antiguos han proferido. Jesús la retoma, mostrando que la historia del antiguo pueblo de Dios se va a terminar. Pero esto no significa el final. De aquí en adelante continúa la historia del nuevo pueblo de Dios, abierto a todas las naciones.

Lucas escribió su Evangelio después de la destrucción del Templo y de la toma de Jerusalén por los romanos en el año 70 dC. Siendo así, no hace una profecía, sino una revisión del pasado para responder a las preguntas que la comunidad cristiana se hace frente a los acontecimientos.

¿Cuál es la verdadera actitud religiosa? (21, 1-4)

En el Templo Jesús ve a las personas haciendo ofrendas. Cada oferente decía en alta voz la suma que daba. Los ricos depositaban sumas abultadas. La viuda da apenas *dos moneditas*. El hecho de que sean *moneditas* habla de su pobreza, y el hecho de ser *dos* muestra su generosidad.

El elogio de Jesús deja en claro cuál es la verdadera actitud religiosa. Dios no quiere lo que sobra, lo superfluo, sea en el sentido que fuere. Quiere una respuesta total de la persona, que englobe toda su vida. En otras palabras, Dios no quiere quedarse encerrado en un rincón de nuestra vida, recibiendo lo sobrante. Quiere iluminar todo y participar de todo. Los pobres pueden entender esto. Los ricos, en cambio, jamás lo entenderán, porque esto los forzaría a practicar la justicia, y, por lo tanto, a perder toda su riqueza.

El fin de Jerusalén no es el fin del mundo (21, 5-11)

Todo el capítulo 21 sucede en el Templo. Las personas admiran la construcción y los donativos ofrecidos en pago de promesas. Pero Jesús acaba con la fascinación al anunciar que todo será destruido y tomado por los romanos. Se cumplirá lo que habían anunciado los profetas y el mismo Jesús. Sin embargo, el ataque de los romanos entre el 66 y el 70 dC había provocado muchas preguntas en los judíos y en los cristianos. ¿Habría llegado el tan anunciado fin del mundo? No, responde el Evangelio. Esto no es un final. Es solamente el fin de una fase de la historia, el tiempo de Israel, el antiguo pueblo de Dios. Antes del fin, anunciado en los vv. 10-11, vendrá el tiempo del nuevo pueblo de Dios, abierto a toda la humanidad y fundado en la Palabra y en la acción de Jesús. Antes del fin deberá ser anunciado el Reino de la justicia. Será la última oportunidad para todos.

Antes del fin, el testimonio (21, 12-19)

Antes del fin del mundo vendrá el tiempo del testimonio. ¿Testimoniar qué? La Palabra y la acción de Jesús, o, en otras palabras, la justicia del Reino, que provoca la transformación radical de la sociedad, alcanzando hasta las relaciones económicas y políticas.

Esto traerá la persecución, porque los ricos y poderosos se sentirán amenazados por el testimonio de los cristianos, y buscarán a toda costa ahogar o distorsionar el verdadero testimonio cristiano.

¿Y qué deberán hacer los cristianos cuando sean perseguidos? No preocuparse. Los adversarios no podrán responder contra la sabiduría que viene de la búsqueda de la justicia y de la lucha por ella. Los cristianos deberán resistir, firmes, aunque los propios familiares los persigan. Lo que los sostendrá será la providencia de Dios (21, 18) y la solidaridad de la comunidad. El peligro será desistir de todo para "salvar el pellejo". El que ha visto la verdad ya no puede volverse atrás: *"Con vuestra perseverancia salvaréis vuestras almas"* (21, 19).

La historia de un nuevo pueblo de Dios
(21, 20-24)

Lucas describe la toma de Jerusalén realizada entre los años 66 y 70 dC. En lugar de ser el fin del mundo o fin de la religión, este acontecimiento marcará el comienzo de una nueva fase para el pueblo de Dios. Este no estará nunca más encerrado dentro de las fronteras de un pueblo separado de los paganos. Ahora el nuevo pueblo de Dios, seguidor de Jesús, vivirá en medio de los paganos como fermento que transforma todas las relaciones. Dios y Jesús no quedarán presos dentro de un país o una raza. Al contrario, el Espíritu de Dios y de Jesús, que actúa a través de los cristianos, llevará el conocimiento de Dios y de su proyecto a la humanidad, para invitar a todos a formar el pueblo de Dios.

El fin de la historia es el juicio (21, 25-28)

La toma de Jerusalén por los romanos manifiesta y anticipa el juicio que Dios va realizando siempre en el transcurrir de la historia. Este juicio es la manifestación de la verdad y de las consecuencias por las opciones de vida de cada uno.

El Hijo del Hombre, que va a realizar el juicio (ver Dn 7, 13-14), es el propio Jesús. A través de su muerte y resurrección, atestiguadas por los discípulos, es como se realizará el juicio. Entonces aparecerá la verdad y la liberación, porque el testimonio dejará claro que la sociedad que persigue y mata al justo y al inocente es una sociedad perversa y basada en la injusticia. Para tal sociedad el testimonio cristiano es peligroso, porque denuncia todos los mecanismos y estructuras que ahogan la vida del pueblo.

Por eso, estén siempre alerta (21, 29-38)

El final del capítulo es un aviso para la comunidad. ¡Estén vigilantes! Es el mensaje de la parábola de 21, 30: los brotes de los árboles anuncian el verano. De la misma manera, los acontecimientos (testimonio, persecución, juicio) muestran que el Reino de Dios se está acercando. Pero no idealicemos mucho este Reino. Es la justicia que denuncia y anuncia, suscitando transformaciones en todos los niveles de las relaciones humanas. En este sentido, el Reino se acerca siempre que triunfa la justicia, y crea relaciones determinadas por el espíritu de la coparticipación y de la fraternidad, dando posibilidad a todos de usufructuar la libertad y la vida.

Pero la comunidad, a su turno, debe siempre tener cuidado para no relajarse, pervirtiendo el testimonio y acabando por asumir los vicios creados por la sociedad injusta (insensibilidad, gula, embriaguez, preocupaciones de la vida). En otras palabras, profesar teóricamente una fe en la justicia, pero prácticamente vivir en la injusticia. El día del juicio vendrá como una celada —no porque él sea el fin del mundo. De hecho, el juicio siempre se está realizando en la historia. A cada momento la injusticia va siendo desenmascarada y los injustos se verán descubiertos. La comunidad debe, por tanto, estar siempre lista, vigilando y practicando la justicia. Enfrentará dificultades y persecuciones. Su fuerza vendrá de la vigilancia y de la oración, que significa estar siempre volviendo a las fuentes que son el proyecto de Jesús. Solamente su perseverancia en la práctica y en el anuncio de la justicia le permitirá ser considerada justa e inocente en el día del juicio ("permanecer en pie").

Lucas cierra esta parte (21, 37-38) destacando que Jesús anuncia todo esto en el Templo, donde enseñaba todos los días. Curioso. Jesús se sirve de la institución para anunciar el fin de la misma institución; emplea las estructuras religiosas para criticarlas y anunciar su superación.

Para reflexionar en grupos

1. ¿Por qué el fin de Jerusalén no era el fin del mundo?
2. El testimonio cristiano es el que genera el juicio final. ¿Por qué?
3. ¿De qué modo va realizándose el juicio en la historia? Dar ejemplos.
4. ¿Cómo vemos hoy el nuevo pueblo de Dios? ¿Quiénes pertenecen realmente a este pueblo?
5. ¿Cuál debe ser la actitud que debe mantener la comunidad cristiana en toda su vida?
6. ¿Cuál es la actitud religiosa que Dios espera de su pueblo?

39
EL GRAN ENFRENTAMIENTO
(22, 1-38)

La actividad de Jesús en Galilea, su progresivo enfrentamiento con la religión y la sociedad y, finalmente, su enfrentamiento con los poderosos de Jerusalén provocan serias consecuencias. Llegó el momento de pagar el precio por anunciar la nueva historia y la nueva sociedad, construida por los pobres y marginados. Los poderosos comprenden que esta nueva historia amenaza sus privilegios y reaccionan drásticamente.

Es verdad que Jesús va a sufrir y morir, cumpliendo el proyecto de Dios a El confiado (22, 22). Pero eso no quiere decir que el sufrimiento y la muerte hagan parte de ese proyecto. Dios quiere la libertad y la vida y no el sufrimiento y la muerte. Sufrimiento y muerte del justo y del inocente son las consecuencias de la resistencia de una sociedad que rechaza la libertad y la vida del pueblo, es decir, que rechaza el proyecto de Dios.

El gran enfrentamiento
(22, 1-6)

Entre los judíos la Pascua era celebrada en la noche del día 15 del mes de Nisán, el primero de los siete días de los panes ázimos. Comienza el gran enfrentamiento con las autoridades religiosas: jefes de los sacerdotes y doctores de la Ley. Querían acabar con Jesús, pero temían al pueblo que seguía y acogía a Jesús (ver 20, 19).

Es el "tiempo oportuno" anunciado en 4, 13: Satanás vuelve para el último ataque, a través de Judas, uno de los apóstoles. Judas, que acompañó a Jesús durante toda su actividad, se dispone a traicionarlo por dinero. ¿Cuánto? No se dice, pero sabemos que todo hombre tiene su precio. Lo más grave es que cualquiera de nosotros, por más comprometido que esté con Jesús, puede volverse un traidor. ¿Cuál sería nuestro precio? ¿A cambio de qué estamos dispuestos a traicionar a Jesús y su proyecto?

La Pascua de la liberación

(22, 7-13)

Todo va a suceder en la conmemoración de la Pascua, fiesta fundamental para el pueblo de Dios. De hecho, esta fiesta marcaba la memoria con el recuerdo de la liberación de la esclavitud en Egipto para una vida nueva y libre (ver Ex 12). Lucas recuerda que es el día de la matanza de los corderos para la Pascua. Es una alusión a Jesús como cordero: su muerte sellará el paso definitivo de la esclavitud a la libertad, de la muerte a la vida. Los preparativos solemnes, por tanto, se orientan a marcar profundamente el día en que fue celebrada la gran Pascua para toda la historia. De este día en adelante todo régimen de esclavitud está ordenado al fracaso. De aquí en adelante la historia camina hacia un futuro preciso: el día en que todos podrán usufructuar plenamente la libertad y la vida. Por lo tanto, se trata de caminar hacia adelante o de volver atrás...

Eucaristía: memoria y presencia de la liberación definitiva
(22, 14-23)

El texto de Lucas es bastante parecido al de Pablo en 1Co 11, y ambos probablemente reflejan las celebraciones de la Iglesia de Antioquía y de las comunidades paulinas.

Es un momento solemne: se hace notar la "hora" y los discípulos son llamados apóstoles. El texto de Lucas es complejo, porque superpone la celebración judía de la Pascua (22, 15-18) y la celebración cristiana de la Eucaristía (22, 19-20). El quiere mostrar que la Eucaristía cristiana sustituyó a la Pascua judía, asumiendo el significado que ésta poseía y llevando al máximo este significado. De esta manera, la Pascua asume un significado universal, y la liberación que ella registra es una liberación total y para todos.

El cordero pascual es sustituido en la Eucaristía por el pan, y la sangre-vino del cordero es sustituida por el vino-sangre de Jesús. Pero, ¿qué significa la Eucaristía? El supremo don del amor de Dios en Jesús, que entrega su propio cuerpo y derrama su propia sangre. Con esto El testimonia hasta el fin su fidelidad al proyecto de Dios, mostrando el camino para todos los que se dispongan a seguirlo. La Eucaristía celebrada en memoria de Jesús es el recuerdo continuo y al mismo tiempo la presencia del gesto que sella la fidelidad de Jesús y de aquellos que lo siguen. Su celebración en las comunidades cristianas es el recuerdo del precio de la fidelidad: la muerte o don de la propia vida. No es que Dios quiera eso. La muerte de Jesús y la de todos los que lo siguen es la consecuencia provocada por todos aquellos que rechazan el testimonio de la justicia que lucha por la libertad y por la vida, para todos.

¡Y cuidado! El traidor también está participando de esta celebración. ¿Quién es él? Jesús lo sabe, pero no lo dice. Y la ansiedad se apodera de todos los que hasta hoy participan de la Eucaristía. ¿Seré yo? ¿Serás tú? ¿Quién es el que va a traicionar a Jesús y su proyecto?

El más grande es aquel que sirve
(22, 24-30)

En medio de la Pascua-Eucaristía, surge la pregunta: ¿Quién es el más grande? Señal de que los apóstoles no habían entendido nada. No habían percibido que la justicia produce la igualdad, y ésta se manifiesta como coparticipación y fraternidad. Por el contrario, ¡desean el poder!

En respuesta a esto, Jesús contrapone la costumbre de las naciones (reyes) y lo que deberá ser su comunidad: el mayor será como el menor, aquel que gobierna será como aquel que sirve. De esta manera, Jesús invierte completamente el esquema del poder. No se trata ya de actuar con el telón de fondo de la desigualdad, sino con el de la igualdad. Con miras a la igualdad, el poder de dominación cede su lugar al poder del amor, que no se impone por la violencia ni produce dominación. Y Jesús es el modelo. El es el mayor, pero está entre todos como el que sirve. Cuando sepamos respetar a aquel último que sirve, entonces ciertamente sabremos respetar a todos. Es más: ¡Aquel que sirve es el que se sentará como juez para juzgar al pueblo de Dios!

De traidor a jefe
(22, 31-34)

Normalmente nos impresionamos por la traición hecha por Judas Iscariote, y nos olvidamos de la que hizo Pedro, igualmente seria, e incluso más radical: ¡no sólo va a negar a Jesús, sino que va a negar que lo conoce! Y esto nos hace pensar. Hasta el líder de los discípulos traicionó a Jesús. ¿Será que la traición es necesaria para el amor? De la traición Pedro se convierte, y después de la conversión llega a ser el líder que fortalece a los demás seguidores de Jesús. Pero siempre sigue abierta la pregunta: ¿Será que la traición es necesaria como provocación para la fidelidad y el amor? ¿Será que ella es necesaria para la propia maduración del amor? Parece que sin el contraste de las tinieblas no logramos ver la luz.

Es hora de la lucha
(22, 35-38)

El final del camino de Jesús es difícil y trágico, pues va a ser incluido *"entre los fuera de la ley"*, es decir, como criminal social. El camino, por tanto, exige resistencia y lucha. En la primera misión (10, 4-7) no faltó nada. El primer anuncio es alegre y compensador. Pero las consecuencias son duras: persecución, traición, prisión, tortura, muerte. Es hora de la lucha. La espada es simbólica: recuerda la resistencia y la osadía de no volverse atrás. Entendemos ahora por qué Jesús había dicho que el Reino es conquistado por el esfuerzo y la violencia (16, 16). No se trata de la violencia que ahoga o destruye la vida, sino de aquella que fuerza el camino para que la propia vida se manifieste. Es la actitud de aquellos que están convencidos de que vale la pena luchar para que todos conquisten la libertad y la vida.

Los discípulos parecen no entender. Consiguen dos espadas materiales, las mismas armas con las que los poderosos multiplican la esclavitud y la muerte. "*¡Es bastante!*", o mejor, "*¡Basta!*" —responde Jesús, quizá con una sonrisa levemente irónica. Los discípulos lo entenderán más tarde...

Para reflexionar en grupos

1. ¿Cuál es nuestro precio para traicionar a Jesús y su proyecto?
2. Jesús va a morir en el día de la Pascua. ¿Qué significa esto?
3. ¿Qué significa la Eucaristía celebrada por los cristianos?
4. ¿En nuestra comunidad existe la preocupación o la disputa para ver quién es el mayor?
5. ¿En qué situaciones hablamos o actuamos como si nunca hubiéramos conocido a Jesús? ¿Qué significa traicionarlo?
6. Al comienzo es fácil anunciar y practicar el Evangelio. Después se hace muy difícil. ¿Nuestra comunidad ya ha experimentado esto? ¿En qué situaciones?

40
¿QUIEN ES JESUS?
(22, 39-71)

Los acontecimientos se precipitan. Terminada la Cena Pascual-Eucaristía, Jesús, conforme a su costumbre, sale con los discípulos a pasar la noche en el Monte de los Olivos (21, 37; 22, 39). Hasta el momento había sido un lugar seguro durante el osado enfrentamiento con los poderosos de Jerusalén. Pero ahora, Judas sabe el lugar y va a entregar a Jesús. La circunstancia es óptima para las autoridades; en efecto, ellas temían hacer cualquier cosa en público, por causa de la multitud (20, 19; 22, 2). En medio de los acontecimientos surge la pregunta: ¿Quién es Jesús? O mejor: ¿Qué es lo que justifica todas sus palabras y acciones? Jesús es el hombre que va hasta el final en la lucha por la justicia del Reino, cumpliendo el proyecto de Dios.

Jesús es fiel hasta el final (22, 39-46)

Jesús es plenamente consciente de la gravedad de la situación. Sabe de la traición, y sabe que ha llegado el momento fatal. Por eso recomienda a los discípulos : *"Pedid que no caigáis en tentación"*; la palabra *tentación* aparece dos veces (22, 40.46). ¿De qué tentación se trata? La oración que Jesús dirige al Padre muestra que se trata de la *gran tentación:* dejar todo para salvar el propio pellejo. En otras palabras, traicionar el proyecto de Dios, negar todo lo que se había dicho y hecho hasta el momento, y salvar la propia vida. Pero Jesús vence la tentación: *"No se haga mi voluntad sino la tuya"*. Jesús será fiel hasta el fin, conforme a lo que ya había recomendado a los discípulos (21, 19).

Y los discípulos duermen. Están completamente inconscientes de lo que está a punto de suceder. Entonces descubrimos el sentido de la oración: mantenerse consciente y alerta, para no ser tomado por sorpresa y no cometer la insensatez de salir corriendo.

Para las tinieblas Jesús es un bandido (22, 47-53)

Llega la multitud, y Judas al frente, como guía. El beso era un gesto de cortesía entre personas íntimas. El gesto de afecto se transforma en instrumento de traición. Los discípulos oyen la palabra "traición", y parten al ataque, procurando defenderse con armas. Jesús rehúsa el uso de la violencia, incluso en defensa propia. ¿Por qué? Porque la violencia de la justicia no es la violencia de las armas que matan, sino de la verdad que desenmascara y desarma al adversario mismo.

Y, en medio de la oscuridad, los rostros se hacen más claros: la multitud estaba formada por los jefes de los sacerdotes, oficiales de la guardia del Templo y ancianos del Sanedrín, el Tribunal Supremo. ¡Cuánto aparato! Se admira Jesús. *"Como contra un salteador habéis salido con espadas y palos"*. Y ahí queda claro cómo las estructuras injustas ven al justo que lucha por la justicia: como un bandido, un criminal que debe ser eliminado a cualquier precio. Para el orden injusto, el justo es un peligro. Inversión total de la realidad, hecha por el "poder de las tinieblas", para el cual la fuerza de la luz (día) significaría condenación.

"Yo ni siquiera lo conozco" (22, 54-65)

Jesús es apresado y llevado a casa del Sumo Sacerdote. Lucas no dice cuál de ellos. De hecho había dos: Anás había sido Sumo Sacerdote y todavía gozaba de mucha influencia; Caifás, yerno de Anás, era el Sumo Sacerdote en ejercicio. Por Jn 18, 13-24 sabemos que en aquella noche Jesús fue interrogado extraoficialmente por Anás, y por la mañana, por Caifás, que presidía el Sanedrín, pues éste no se podía reunir de noche.

Mientras Jesús pasa por el interrogatorio de Anás, que le pregunta sobre sus discípulos y su doctrina (Jn 18, 19), Pedro está en el patio, con los demás (soldados y criados) calentándose junto a la hoguera. Por tres veces lo identifican como discípulo de Jesús, y por tres veces Pedro lo niega: *"Yo ni lo conozco"*. Mientras Jesús enfrenta el poder, Pedro lo niega ante subalternos del poder. Situación dilacerante. Y la mirada de Jesús acusadora: ¿No te lo dije? (22, 34). Pero no tomemos a Pedro como chivo expiatorio. Cualquiera de nosotros, por nuestras palabras y acciones, seamos el Papa o un simple cristiano, podemos negar que conocemos a Jesús. ¿Y qué hacer? Llorar amargamente como Pedro.

Mientras tanto Jesús, que ya había sido interrogado por Anás, y consiguientemente considerado por él como *Maestro,* ahora es torturado por los soldados, que lo llaman cínicamente *Profeta.* Y la pregunta que ronda en el aire es:

¿Quién es Jesús? (22, 66-71)

Las autoridades ya habían decidido condenar y matar a Jesús (22, 2). ¿Pero cuál sería el motivo plausible? Este es el problema de la sesión oficial del Sanedrín, reunido al amanecer.

¿Eres el Mesías? En otras palabras, ¿sería Jesús el Mesías-Rey esperado desde tanto tiempo atrás para restablecer el Reino de Israel, con toda la gloria que éste había tenido en tiempos de David y Salomón? Si Jesús confiesa que sí, los miembros del Sanedrín lo entregan a los romanos como enemigo del Imperio (y es lo que harán).

Pero Jesús no se identifica con el mesianismo. Su misión no es la de establecer una dominación explotadora y opresora, sino la de fundar el Reino de la justicia, que libera y da vida a todos.

"De ahora en adelante, el Hijo del Hombre estará sentado a la diestra del poder de Dios". Jesús se presenta como el Hijo del Hombre anunciado por Dn 7, 13-14. ¿Quién era él? Un personaje misterioso que realizaría el juicio e instauraría el Reino de Dios, liberando a todo el pueblo. Pero el detalle de estar sentado al lado de Dios, tomado del Salmo 110, 1, aludía al Mesías-Hijo de Dios, denominación que se daba a todo rey de Israel. Pero en el tiempo de Jesús la expresión indicaba *igualdad*. Entonces, ¿Jesús es igual a Dios? *"Entonces, ¿tú eres el Hijo de Dios?"*. Este fue el motivo por el cual el Sanedrín condenó a Jesús. Un motivo religioso, que también es señalado por Jn 19, 7. Pero no se señala ninguna ley precisa. Se trata de una manipulación de la Ley en favor de sus intereses. Es decir, no quieren aceptar que la actividad de Jesús es una actividad de Dios mismo, y por eso manipulan la Ley de Dios —expresión de su voluntad y proyecto— para condenar a Jesús. Para ellos, eso basta. El Sanedrín debía juzgar a Jesús por la Ley de Moisés y encontrar un motivo religioso para la condenación de Jesús. Y consiguen el motivo manipulando genéricamente la ley, exactamente como los poderosos suelen hacer para asegurar su propios privilegios a costa de la condenación del pueblo justo e inocente.

Notemos la progresión en el modo en que Jesús es considerado: Maestro, Profeta, Mesías-Rey, Hijo del Hombre, Hijo de Dios. Se trata en realidad de toda una reflexión que fue descubriendo poco a poco la profundidad de la persona de Jesús. En fin, ¿quién es El? Releyendo el Gn 1, 6-27, podemos decir que es el verdadero Hombre, el hombre plenamente manifiesto, que es la "imagen del Dios invisible" (Col 1, 15). Porque manifestó enteramente lo que es el Hombre, El también manifestó enteramente lo que es Dios, pues el hombre es "imagen y semejanza" de Dios. ¿Qué quiere decir esto? Que en Jesús fueron superadas todas las figuras del Antiguo Testamento (sacerdote, sabio, profeta, mesías). La verdad final es que El es, al mismo tiempo, Hijo del Hombre, y por eso mismo, Hijo de Dios —aquel que revela y concreta el camino de toda la humanidad. Es El quien abre e inaugura la historia futura, nueva y definitiva. ¿Un bandido?

Para reflexionar en grupos

1. ¿Cuál fue la última y suprema tentación de Jesús? ¿También nosotros pasamos por este tipo de tentación?
2. ¿Por qué el justo que sólo lucha por la justicia termina siendo tenido por bandido?
3. ¿De qué manera podemos, por nuestras palabras y acciones, negar que conocemos a Jesús? ¿Y aquella mirada de Jesús, de dónde viene hoy?
4. Jesús fue condenado gracias a una manipulación de la ley. ¿Conocemos casos de personas que han sido condenadas con este expediente?
5. Jesús fue condenado por ser Hijo de Dios. También nosotros hemos sido hechos hijos de Dios. ¿También somos condenados?

41
JESUS ES UN HOMBRE PELIGROSO
(23, 1-25)

Jesús es como una papa caliente que las autoridades no logran tragar. Las autoridades religiosas ya lo habían condenado a muerte, manipulando la ley contra El. Pero hay un problema. Juan 18, 31 afirma que el Sanedrín podía juzgar a cualquier persona del pueblo, hasta condenarla a muerte, pero no podía ejecutar la sentencia. Esto estaba reservado al poder romano. Y aquí surge la pregunta: ¿Cómo interesar al poder romano en la causa contra Jesús? La disculpa de un motivo "religioso" no era suficiente. Ante el poder político romano la causa debía ser política, y contra Roma.

¿Culpable o inocente? (23, 1-5)

Por la fiesta de la Pascua el gobernador romano, en ese tiempo Pilato, solía trasladarse a Jerusalén, a fin de reprimir más fácilmente posibles focos de reacción. Durante este tiempo se quedaba en la fortaleza Antonia, en la parte noroeste de la ciudad.

Los miembros del Sanedrín presentan a Jesús ante Pilato, juntamente con la acusación. El motivo fundamental es que Jesús sería un *subversivo,* que provocaba disturbios en tres áreas fundamentales de cualquier sociedad:

— *Economía:* "Prohíbe pagar el tributo al emperador" (distorsión de 20, 20-25);

— *política:* "Afirma ser El el Mesías, el Rey" —crimen fundamental de usurpación del poder, contra el emperador romano—;

— *ideología:* "Provoca rebelión entre el pueblo con su enseñanza", es decir, difunde ideas contra el "orden romano".

Curiosamente, son los motivos reales que incomodaban a toda la élite económica y política de los judíos. De hecho, Jesús, con su Palabra y acción, estaba conmoviendo los privilegios económicos y políticos de que gozaba la élite judía, gracias a la explotación y opresión del pueblo. Todo esto era encubierto por la máscara de la religión, pero Jesús también atacaba eso directamente, denunciando la disculpa ideológica de los que se servían de la religión para ocultar sus prácticas económicas y políticas promotoras de la injusticia. Jesús conmueve a la nación entera (Galilea, Judea, Jerusalén).

Pilato no se deja impresionar, y va directo al motivo político: "*¿Eres tú el Rey de los judíos?*". La respuesta de Jesús es prácticamente una negación. El no pretende ser un jefe político al estilo de David y Salomón, es decir, no está interesado en montar un sistema que ya en el Antiguo Testamento había probado ser instrumento de explotación y dominación del pueblo.

Como en Juan (ver Jn 18, 38; 19, 4.6), también en Lucas Pilato proclama tres veces la inocencia de Jesús. ¿Pura ironía contra las autoridades judías? Volveremos sobre esto.

Silencio... (23, 6-12)

La mención de que Jesús es de Galilea da ocasión para que Pilato trate de escaparse de este enredado caso. Envía a Jesús ante Herodes, tetrarca de Galilea (3, 1), quien en aquellos días también estaba en Jerusalén, seguramente hospedado en la antigua residencia de los Asmoneos, en la parte oeste de la ciudad.

Pero Herodes no está interesado en definir la culpabilidad o inocencia de Jesús. Quiere satisfacer su curiosidad, y le hace muchas preguntas. Pero Jesús se calla. No está allí para divertir a las autoridades. Decepcionado, Herodes lo trata con desprecio, lo disfraza con ropas regias, como quien dice: "¡He ahí su realeza!", y lo devuelve a Pilato. Curiosamente, esta escena de burla, según Marcos y Mateo, fue ejecutada por los soldados romanos... Volveremos sobre esto.

La nota final (23, 12) recuerda la enemistad entre Pilato y Herodes, nacida probablemente por causa de la masacre que Pilato había cometido en Galilea (13, 1). En Hch 4, 25-27, Lucas vuelve sobre el asunto. ¿Qué desea resaltar? Probablemente que las autoridades, por más enemigas que sean entre sí, siempre terminan entendiéndose, sin duda para preservar el principio del poder. Cuando el poder es cuestionado, todos los poderosos tiemblan desde sus cimientos...

Jesús es un hombre peligroso (23, 13-25)

Al recibir de nuevo a Jesús, Pilato convoca a los jefes de los sacerdotes, a los jefes (ciertamente los ancianos) y al pueblo, y proclama la inocencia de Jesús. Otra vez aparece la acusación. Ahora ya no de "subversivo", "rebelde", sino "de agitador". Pilato y Herodes no vieron en El nada de eso. En este punto parece que ninguno de los dos percibió el alcance de la palabra y de la acción de Jesús. Desconocen la transformación radical —en el nivel económico, político e ideológico— que ellas provocan. ¿O será que las conocen? Volveremos sobre esto.

Pilato piensa "dar un escarmiento" a Jesús y después soltarlo. Por la narración de Mc 15, 6-11 podemos tener más detalles sobre la costumbre de soltar a un preso con ocasión de la Pascua, y también quién era realmente Barrabás. Sin duda, un jefe de revoltosos contra el sistema romano. En la época pululaban en Palestina diversos grupos inconformes que, por falta de posibilidades de mejor articulación, desarrollaban actividades terroristas. Barrabás era ciertamente un jefe de guerrilla.

Y aquí viene lo más curioso. Jesús había sido presentado al gobernador romano como "subversivo", "rebelde" y "agitador". Pero la multitud, azuzada (y quizá pagada) por las autoridades judías, pide que Jesús sea muerto y Barrabás liberado. Estas autoridades sabían bien quién era el más peligroso... El proyecto de Jesús iba mucho más allá de una simple guerrilla terrorista. Jesús quería transformar la sociedad en todos los niveles: político, económico, religioso, social...

Pilato cede finalmente a la gritería. Es la subversión total. En la Biblia, el clamor del pueblo es por liberación y vida. Y Jesús con su proyecto busca justamente responder a ese clamor. Pero aquí, azuzada por las autoridades injustas, la multitud del pueblo clama exactamente por lo contrario, rechazando a Jesús y su proyecto. Es como para quedarse pasmado...

* * *

Pero dejamos algunos puntos en suspenso. Los evangelistas, y principalmente Lucas, parecen interesados en apoyar la inocencia de Pilato y su papel decisivo en el juicio y condenación de Jesús. Lucas, por ejemplo, al lado de la proclamación de la inocencia de Jesús, omite la tortura de Jesús por los soldados romanos, y lo que Marcos y Mateo atribuyen a los soldados, Lucas lo describe como hecho por Herodes y su guardia. ¿Por qué?

Los estudiosos detectan hoy una costumbre en el tercer evangelista: la tentativa de representar como inocentes a los cristianos frente al Imperio romano. Esto aparece varias veces en la obra de Lucas: ver Lc 7, 1-10, además de Hch 10. Por otra parte, Lucas señala que el poder romano siempre libró al apóstol Pablo de las acusaciones que los judíos le infligían: Hch 16, 35-39; 18, 12-15; 19, 31.35.41; 24, 22-23; 25, 18.25-26.31-32.

Esta búsqueda de inocencia política de los cristianos debe haber respondido a situaciones de aquel tiempo. Hoy, sin embargo, debemos dar esto por descontado. No se puede en forma alguna reducir el alcance político y económico del anuncio y del testimonio del Evangelio, con el grave peligro de no entender más por qué Jesús habría sido blanco de tantas resistencias, persecuciones, prisión, tortura y muerte. Si su anuncio no hubiera conmovido a la sociedad judía, jamás lo habría perseguido, ni el poder romano habría ratificado la sentencia de muerte y llevado a cabo su ejecución.

Para reflexionar en grupos

1. ¿Las acusaciones que las autoridades judías presentaron contra Jesús eran falsas? ¿Por qué?
2. ¿Por qué los poderosos siempre se entienden entre sí?
3. ¿Por qué Jesús es subversivo, rebelde y agitador?
4. Jesús era más peligroso que Barrabás. ¿Por qué y para quién?
5. ¿El cristianismo no tiene nada que ver con la economía y la política? ¿Por qué?

42
"PADRE, EN TUS MANOS ENCOMIENDO MI ESPIRITU"
(23, 26-56)

El momento culminante de la vida de Jesús es su enfrentamiento con la ciudad de Jerusalén, y con ella, con los poderes que mantienen al pueblo sojuzgado, incapaz de participar en la concertación social y de crear historia. Como legítimo representante de este pueblo, Jesús es condenado a muerte, y esto trae el juicio de Dios sobre las fuerzas que dominan la sociedad y la historia. No es Jesús el único en ser juzgado y condenado; con El están todas las legítimas aspiraciones del pueblo. Y, ¿qué hacer? Como Jesús, entregar la propia causa a Dios, porque solamente El podrá hacer justicia, respondiendo a los deseos del pueblo, derrotando las fuerzas contrarias y abriendo las puertas para un mundo nuevo.

El verdadero motivo para llorar (23, 26-32)

Los soldados llevan a Jesús para ser crucificado, pena que el Imperio romano reservaba para los enemigos subversivos. Jesús sufre la pena, porque su proyecto supone subversión total. En el camino, Simón de Cirene, un judío oriundo de fuera de Palestina (señal de que Jesús será oído también fuera), es obligado a llevar la cruz detrás de Jesús. En este Simón se revela lo que debe ser el discípulo, pues, según decía el Evangelio en 14, 27, *"el que no lleve su cruz y venga en pos de mí, no puede ser discípulo mío"*. No se trata de cargar la cruz de la culpa, sino la cruz que es el suplicio del dominador contra la legítima aspiración por la libertad y la vida de los dominados.

Las mujeres lloran, en duelo. ¿Por qué?, pregunta Jesús. No deben llorar por El ni por todos los justos que son sacrificados inocentemente. Deben llorar más bien porque el proyecto de Dios está siendo rechazado, y esto les costará muy caro. Costó toda la lucha realizada en los años 66-70 dC, cuando Palestina y Jerusalén fueron completamente subyugadas por el Imperio romano. Cuesta hoy todavía todo el sufrimiento de 3/4 partes de la humanidad, explotados y oprimidos por 1/4. Jesús y su proyecto son la esperanza de un mundo nuevo. Sin embargo, ¿qué hacen con El y con su proyecto que puede liberar y llevar vida a todos? Si hacen esto con el justo inocente (árbol verde), ¿qué no harán con el injusto culpable (árbol seco)?

Y con Jesús van otros dos criminales. ¿Criminales? La crucifixión era para los subversivos. Los otros dos, como Jesús, también querían transformaciones, quizá no tan radicales. Pero el poder dominante nivela todo. El que no esté de acuerdo es enemigo y criminal. Muchos de nuestros conceptos deberían ser revisados. ¿Qué es lo cierto o erróneo, y al fin, en relación con qué?

Jesús es rey que da la vida (23, 33-38)

Jesús es crucificado entre los criminales. Esto es una relectura de Is 53, 12, que subraya que el enviado de Dios sería considerado como un criminal. ¿Por qué? Porque es crimen desear que todos tengan vida y trabajar para lograrlo... Porque la igualdad es un crimen. ¿Para quién? Llegamos al punto desdichado de pensar que el bien es mal, y esto nos hace comprender mejor la exclamación de Jesús: "*¡Padre, perdónales!, ¡porque no saben lo que hacen¡*". De hecho, ¿por qué rechazamos siempre aquello que más deseamos?

¿Y las reacciones? El pueblo mira. Es testigo pasivo, o, para expresarlo mejor, impotente. Los jefes se burlan de Jesús y del proyecto de Dios, que no es salvarse a sí mismo, sino salvar a todos —proyecto que ellos mismos traicionaban—. Los soldados también se burlan. Tristes. Son los que están en peor situación: el sistema los explota y oprime. ¡y ellos todavía deben defender el sistema! Se burlan de aquel que los podía liberar de la suprema alienación...

Pero encima de todo, tenemos el letrero con la causa de la condena, de Jesús: *"Este es el rey de los judíos"*. De hecho, Jesús es el rey, pero un rey diferente. No aquel que quita la vida de los demás para mantener su poder y dominio, sino aquel que da la propia vida para que todos tengan libertad y vida. El es el Mesías-Rey de Is 11, 1-9, que traería el reinado de la justicia y de la paz. Sin embargo, parece que este reinado cuesta la sangre de Jesús y de todos los inocentes que luchan por la justicia.

¡Acuérdate de nosotros! (23, 39-43)

Jesús y su proyecto dividen incluso a los mismos criminales. Uno de ellos se burla de Jesús y desafía su mesianismo, es decir, lo instiga para que use el poder para liberarse y liberar a los demás. Muchos ven en este criminal al pueblo judío, que esperaba el Mesías político, que restauraría la grandeza de la nación. Es preferible ver en él a todos aquellos que se imaginan posible vencer el poder opresor a través de otro poder. ¿Será que la lucha por el poder terminará algún día?

"Este nada malo ha hecho". El otro subversivo se convierte al proyecto de Jesús. Reconoce que no es por la fuerza ni por el poder como la justicia, la libertad y la vida se hacen. El Reino es el amor, que trae la verdad y la justicia, y de allí la libertad y la vida para todos. Este es el *paraíso* para el cual Dios creó a toda la humanidad.

La muerte del justo trae el juicio (23, 44-49)

Lucas es muy simple al describir la muerte de Jesús. Los signos que la preceden son típicos de la corriente profética para anunciar el día de Yavé: oscuridad, sol que deja de brillar, etc. (ver Am 8, 9-10; Jl 2, 10; 3, 3-4; So 1, 15). El velo del santuario se rasga: Dios no está ya encerrado en un Templo nacional, sino presente en acción en todos los lugares en que se dé testimonio de Jesús. Todos estos signos son simbólicos, e indican que Dios está interviniendo radicalmente para hacer el juicio. ¿Y qué es el juicio? Simplemente quitar los velos a la realidad para que aparezca la verdad profunda: quién es justo y quién es injusto. Jesús es el justo. El muere gritando como el suplicante del Sal 31, 6: *"Padre, en tus manos encomiendo mi espíritu"*. En esta frase está el punto culminante del Evangelio de Lucas. Toda la vida, actividad y anuncio de Jesús son confirmados por esta expresión que muestra al justo perseguido entregando a Dios su causa. Es Dios quien hará justicia. ¿Y cuál será esa justicia? Primero, la revelación de la perversidad que domina a la sociedad que mata al justo inocente, señalando como crimen solamente la búsqueda de la justicia. Segundo, acogiendo al justo en la Vida y haciéndolo resucitar y continuar vivo —dentro de los ideales quienes practican y buscan la justicia. La lucha continúa, pero con la certeza de que Dios apoya la causa por la cual luchan los justos.

¿Y las reacciones? *El oficial del ejército romano* reconoce la justicia de Jesús. Punto importante. El es un subordinado del poder opresor que mató a Jesús a través de sus manos. En este momento él reconoce la perversidad del sistema al que está sirviendo: es un sistema que mata al justo... ¿Qué se puede esperar de tal sistema? Las *muchedumbres* se arrepienten, dándose golpes de pecho... Reconocen el gran engaño que han cometido al rechazar a aquel que les proponía la libertad y la vida. *Los conocidos de Jesús y las mujeres* se quedan a distancia, en un punto desde donde pueden atestiguar todo. Mientras tanto, no hacen nada. Deben mirar para comprender. Ellos serán los futuros testigos, que continuarán lo que Jesús comenzó, y, principalmente, atestiguarán a todos lo que una sociedad injusta hace con el inocente. En su mirada se esboza la comprensión que se desbordará en palabra y acción.

¿Final del camino? (23, 50-56)

A estas alturas el Evangelio parece que va a decepcionar. El hombre justo y fuerte fue derrotado y va a ser sepultado. José de Arimatea era un miembro del Sanedrín que había condenado a Jesús, pero él mismo no había participado de la decisión. Por el contrario, era "bueno y justo" y "esperaba la venida del Reino de Dios". Es como el anciano Simeón (ver 2, 25). ¿Cuál es el signo que lleva a cabo? Enterrar la semilla, para que ella brote y fructifique.

Todo esto se hace un tanto aprisa, porque era la víspera de Pascua, que comenzaba al oscurecer del viernes. La Pascua, fiesta que conmemoraba la liberación de la esclavitud... ¿Qué irá a suceder en esta Pascua? Las mujeres, útero de la vida, observan todo y preparan perfumes y bálsamos. Se preparan para ungir a un muerto, pero ellas, útero de la vida, parecen presentir algo. Las mujeres descansan el sábado, y Jesús descansa en el seno de la tierra. Algo va a brotar.

Para reflexionar en grupos

1. Jesús muere como un criminal, entre criminales. ¿Es un crimen luchar por la justicia?
2. El verdadero motivo para llorar es haber rehusado el proyecto de Jesús. ¿Por qué?
3. Jesús es el Rey que da la vida. ¿Conocemos algún rey así?
4. El peor crimen de una sociedad es matar al justo y al inocente. ¿Nuestra sociedad sigue haciendo esto? Recordar ejemplos.
5. ¿Por qué reconocemos que las personas son justas solamente después de que han muerto?
6. ¿Cuál es el fruto de la muerte del justo?

43
JESUS ESTA VIVO
(24, 1-12)

El corazón de la fe cristiana es la muerte y resurrección de Jesús. Este misterio central ahonda sus raíces en lo más profundo de la condición humana: el hecho de que todos marchemos hacia la muerte, de que se convierta en el gran terror o el gran interrogante. ¿Después de todo esto, morir? La resurrección de Jesús es una respuesta a esta pregunta, para destruir el terror: después de toda la vida, existe la Vida en plenitud.

Sin embargo, ¿cómo llegar a la vida en plenitud? Siguiendo el camino de Jesús, que es el camino de la verdad y de la justicia. Este es el camino que lleva a la vida, sea a la vida con sentido ya desde este mundo, sea a la plenitud de la Vida después de esta vida. El Salmo 112, 6 ya hacía ver que "el recuerdo del justo será perpetuo". Jesús es el justo que está vivo en la vida de Dios y en la memoria de los hombres, y continúa su palabra y su acción a través de la vida de todos los que se comprometen con El.

El domingo

Jesús fue crucificado el viernes, víspera del sábado, que también coincidía con la fiesta de la Pascua, la fiesta central del mundo judío (23, 54). Al día siguiente comenzaba el primer día de la semana, que, a partir de la resurrección de Jesús, se siguió llamando *el día del Señor,* en latín: *dies dominica,* de donde viene nuestro *domingo.*

Con él comienza el nuevo mundo y la nueva historia, marcada por la resurrección, por el triunfo de la vida sobre la muerte, de la justicia sobre la injusticia.

Es de madrugada y las mujeres van a la tumba de Jesús, llevando los perfumes que habían preparado. Piensan encontrar un muerto. La primera sorpresa fue ciertamente la de encontrar removida la gran piedra de la entrada. Entran en la tumba, una especie de caverna excavada en la roca, pero no encuentran el cuerpo de Jesús, y no logran saber lo que está pasando. Es lo que se llama la prueba negativa de la resurrección de Jesús: no se encuentra entre los muertos. ¿Entonces, dónde está?

La prueba positiva es el anuncio cristiano, que aquí es dado por los dos hombres vestidos con ropas brillantes. ¿Quiénes son ellos? Son ya los testigos cristianos que anuncian la resurrección. Recordemos que en el Evangelio de Lucas Jesús había enviado a los discípulos de dos en dos, para anunciar el Reino (10, 1). Esta misión continúa, y el primer anuncio hecho por todos los cristianos, es que Jesús está vivo, como lo había prometido (9, 22.44; 18, 31).

Jesús está vivo

Jesús no debe ser buscado entre los muertos, porque está vivo. Este anuncio, que parece tan simple, tiene profundas consecuencias, principalmente políticas y económicas. En efecto, la sociedad injusta condenó y mató a quien proponía el proyecto de Dios, que implicaba serias transformaciones en el nivel económico y político, de modo que todos pudieran tener libertad y vida. Los jefes de la sociedad no aceptaron este proyecto revolucionario, y mataron a Jesús como criminal. Pero Dios lo resucitó, con lo cual aprobó a Jesús y condenó a la sociedad que lo había matado. La resurrección de Jesús, por lo tanto, marca el gran acicate de la historia. En adelante, la muerte del justo inocente no será en vano, sino semilla de esperanza en una vida nueva, que comienza desde ahora. Sobre este hecho básico es sobre el que el testimonio de los cristianos, mediante su palabra y su acción, se construye y se hace invencible. Ya nadie podrá detener el avance de la justicia sobre la injusticia, de la vida sobre la muerte, en cualquier forma en que la vida y la justicia se manifiesten.

Los primeros testigos

El Evangelio muestra que las primeras en anunciar el Evangelio de la resurrección fueron las mujeres. ¿Por qué? Según el texto, porque ellas son las que se preocupan en primer lugar por el cuerpo de Jesús —van a la tumba para ungirlo. Gracias a este cuidado, son ellas las primeras en atestiguar el centro de la fe, que es el paso de la muerte a la vida. ¿Acaso no es dentro de ellas donde siempre se renueva el milagro de la vida? ¿No son siempre ellas las que anuncian la buena noticia: estoy esperando un hijo? También son ellas las que anuncian al primer hijo de la resurrección...

Sin embargo, *"todas estas palabras les parecían como desatinos y no les creían"*. ¿Simplemente porque las mujeres en aquel tiempo no tenían valor en la sociedad? Falta ver si hoy lo tienen... El hecho es que las mujeres son los primeros testigos de que la vida triunfa sobre la muerte, creámoslo o no. ¿Esto acaso no aparece hasta en el trabajo doméstico que realizan las mujeres? Un trabajo que siempre está hecho y siempre por hacer: se lava un plato que está siempre por lavar de nuevo, y, en fin, el plato siempre está sucio y siempre está limpio. ¡Una verdadera lucha contra la muerte!

Pero Pedro, el jefe de los discípulos y futuro jefe de la Iglesia, va a comprobar. Tampoco él ve a Jesús muerto, sino que *"sólo vio las vendas"*. Y así tenemos el cuadro completo: la resurrección es atestiguada por los que no cuentan (las mujeres) y por los que lideran (el jefe de la

Iglesia). ¿Cuál de los testimonios es mayor? La cuestión es ciertamente secundaria. Pero la pregunta que permanece es: ¿Por qué el testimonio de los pequeños y marginados es recibido con incredulidad? ¿El hecho de ser pobre y carecer de poder influye en el testimonio cristiano? ¿No debería ser exactamente lo contrario? El hecho de que los pobres y débiles lo atestigüen es la mayor prueba de la fuerza transformadora de la fe cristiana. Es el testimonio en sí el que derrota la arrogancia de los poderosos que oprimen.

¿Qué es la resurrección?

Hablamos mucho de la resurrección de Jesús, y desearíamos probarla. Muchos intentos, con palabras e imágenes, se han hecho para dar una idea de la resurrección. En general, nos olvidamos de que es un misterio, así como la vida misma es un misterio que la ciencia no logra delimitar.

El misterio de la resurrección tiene dos aspectos. El primero es que *Jesús resucitó en la vida de Dios.* Los testimonios más antiguos aluden a este aspecto cuando hablan de Jesús sentado a la derecha del Padre (22, 69). Es el aspecto trascendente e invisible de la resurrección. Jamás lograremos hablar de El de modo adecuado, y todas las imágenes serán apenas una insinuación de la grandiosidad de lo que esto significa.

El segundo aspecto, ya indicado por el Salmo 112, 6, es que *Jesús resucitó y está vivo en la fe de los cristianos.* Es lo que nos dice Mateo en la última frase de su Evangelio: "Y sabed que yo estoy con vosotros todos los días, hasta el fin del mundo" (Mt 28, 20). ¿De qué modo? Jesús está en medio de los cristianos siempre que éstos se comprometen a continuar la palabra y la acción de Jesús. Es el propio Jesús quien actúa por medio de ellos: "Donde están dos o tres reunidos en mi nombre, allí estoy yo en medio de ellos" (Mt 18, 20). Lo importante es lo que se dice y se hace "en nombre de Jesús", es decir, con el mismo espíritu que dirigía toda su actividad. Esto no quiere decir, sin embargo, que todo lo que hacemos sea apoyado por Jesús. El criterio es siempre el proyecto de Dios: libertad y vida para todos. Y el medio para realizarlo no es la imposición ni la dominación, sino la fraternidad y el compartir.

En la fe los dos aspectos se unen y se complementan. Jesús está con Dios y Dios está con nosotros, presente en lo más hondo del misterio de la vida y de la libertad, siempre tendiendo hacia la plenitud de la vida.

Para reflexionar en grupos

1. ¿Por qué el domingo es el día más importante para los cristianos?
2. Los primeros testigos de la resurrección fueron las mujeres. ¿Cómo entender esto? ¿Cuáles son las consecuencias que podemos sacar de este hecho?
3. Dios resucitó al Jesús a quien mató la sociedad. ¿Esto qué significa? ¿Sigue sucediendo lo mismo todavía hoy?
4. ¿Qué es la resurrección? ¿Cómo solemos imaginarla? ¿Dónde está Jesús resucitado?
5. ¿Por qué los pobres y débiles son los más grandes testigos de la resurrección?

44
JESUS ESTA EN LOS CAMINOS DE LOS HOMBRES
(24, 13-35)

La pregunta más importante que puede hacerse cualquier cristiano es: ¿Dónde está Jesús resucitado? Muchos quisieran que El estuviera solamente en Dios. Sería más cómodo. Otros quisieran que estuviera solamente en el fondo del corazón de cada uno. También sería cómodo. Otros más, quisieran confinarlo en un templo o encerrarlo dentro de instituciones, estructuras y esquemas. Más cómodo todavía, porque así Jesús estaría enteramente bajo control, lo que le interesaría a mucha gente.

En este punto de su Evangelio Lucas nos muestra los lugares fundamentales donde se manifiesta el Resucitado. Primero, se encuentra en los caminos de la humanidad, atento a las aspiraciones y búsquedas de las personas. Después se encuentra en la Palabra, y en la palabra por excelencia, consignada en la Biblia. Luego, en el gesto del compartir, y principalmente en el gesto del compartir de los cristianos, la Eucaristía. Finalmente, como corona de todas las presencias y confirmación de ellas, Jesús está en el centro del pueblo cristiano, la Iglesia viva reunida en torno a los apóstoles.

En los caminos de los hombres (24, 13-24)

Jesús resucitó, pero todavía nadie lo ha visto. Han visto solamente la tumba vacía, es decir, que Jesús no estaba en el mundo de los muertos. Todavía es el primer día de la semana, el domingo, y dos discípulos (10, 1) van de Jerusalén a Emaús, aldea donde seguramente vivían. Como era inevitable, conversan sobre los últimos acontecimientos, y ciertamente sobre todo lo que había sucedido a Jesús en aquellos días.

Jesús se les acerca, como un desconocido, y entra en la conversación, siguiendo el mismo camino. El punto importante es que los discípulos no lo reconocen (ver Jn 1, 26). Parece que es necesario que haya siempre un signo concreto para manifestarse Jesús a las personas.

Jesús se interesa en el asunto que tratan ellos. Quiere saber lo que los preocupa. Ellos parecen extrañarse: "¿Eres tú el único residente en Jerusalén que no sabe las cosas que estos días han pasado en ella?".

Comienza entonces el primer anuncio: los discípulos cuentan lo que sucedió. Es importante la presentación de Jesús: un poderoso profeta, es decir, un enviado de Dios. Toda la vida de Jesús que sigue es señalada con cuatro palabras, a saber: obras, palabras, delante de Dios y de todo el pueblo. Es un resumen de lo que Jesús dijo e hizo, cumpliendo el proyecto de Dios en favor del pueblo. Y el testimonio prosigue: los jefes del pueblo lo condenaron y crucificaron. Y, finalmente, la decepción: ellos esperaban que Jesús fuera el Mesías libertador y que Dios lo vengaría el mismo día. Pero ya han pasado tres días... (En aquel tiempo se creía que el cadáver entraba en descomposición después de tres días). Es decir, las esperanzas se habían frustrado. Algo parece haber sucedido, pues las mujeres no encontraron a Jesús en la tumba, y esto fue confirmado por los discípulos. "Pero a El no lo vieron". Punto importante. Jesús se encuentra en los caminos de los hombres, pero los hombres todavía no lo reconocen. ¿Qué falta?

La Biblia anuncia a Jesús (24, 25-27)

El propio Jesús muestra que el camino para entender su persona y actividad es la lectura de la Biblia. En ella está anunciado todo lo que el Mesías enviado por Dios debía realizar: "¿No era necesario que el Cristo padeciera eso, y entrara así en su gloria?". Esto no quiere decir que Dios hubiera decretado que Jesús fuera perseguido, sufriera y fuera asesinado. No. Dios quería que Jesús realizara su proyecto hasta el fin. Jesús lo realizó y por eso fue condenado y asesinado. Dios no quiso la muerte de Jesús. Los responsables de ella fueron los mantenedores de un orden social fundado en la injusticia. Tales mantenedores rehusaron el proyecto de Dios anunciado y actuado por Jesús, y por eso lo condenaron a muerte.

A continuación Jesús mismo va mostrando todo lo que en la Biblia se refiere a El. Esto nos muestra dos cosas. Primero, que Jesús realizó lo que Dios pedía y prometía en las Escrituras de su pueblo: libertad y vida para todos. Segundo, nos muestra que las primeras comunidades fueron descubriendo el sentido de la vida de Jesús gracias a la lectura de la Biblia. Esta costumbre de las comunidades dio origen a la Liturgia de la Palabra en nuestras celebraciones. Allí siempre se lee el Antiguo Testamento y el Nuevo, para mostrar que Jesús es el centro de toda la Biblia. La Palabra de Dios en la Biblia es, por tanto, el segundo lugar donde se manifiesta la presencia de Jesús resucitado. Es en la lectura comunitaria de la Biblia (aquí es una comunidad de tres) donde las personas encuentran al Jesús que da sentido a la vida, principalmente a la lucha por la justicia.

El compartir anuncia a Jesús (24, 28-31)

Pero el riesgo es quedarse solamente en una lectura de la Biblia y adquirir muchos conocimientos sobre Jesús, sin experimentarlo concretamente. ¿Cómo hacer la experiencia? Los dos discípulos parecen haber llegado a su destino. Jesús hace el gesto de seguir el camino. Ellos insisten para que se hospede con ellos. Jesús acepta y se sienta a la mesa con los dos. Y aquí tenemos la celebración de la Eucaristía, la celebración del compartir. Jesús hace los mismos gestos que había realizado en la última Cena Pascual con los discípulos (22, 19): toma el pan, lo bendice, lo parte y lo entrega. En este momento ellos lo reconocen.

¿Por qué solamente en el gesto del compartir es cuando las personas reconocen que Jesús está vivo entre ellas? Porque el compartir es el alma del proyecto de Dios realizado por Jesús. Compartiendo lo que se es (libertad) y lo que se tiene (vida) es como todos podrán tener acceso a la libertad y a la vida. Esto nos muestra cómo la Eucaristía tiene un sentido económico y político: ella es el signo del mundo nuevo, donde las relaciones de poder son sustituidas por relaciones de fraternidad, y donde las relaciones económicas son orientadas por el espíritu del compartir igualitario. Es de este gesto del compartir de donde nace el mundo nuevo y la nueva historia, superando toda la desigualdad generada por el poder y por la riqueza. Y, cuando se habla de compartir, no se trata de bondad o de generosidad, sino de justicia; porque el don de Dios es para todos, y debe ser compartido entre todos.

Pero queda flotando una pregunta: ¿De qué sirve celebrar la Eucaristía y no realizar en la vida concreta la fraternidad y el compartir que ella anuncia y realiza? ¿De qué sirve celebrar y no vivir lo que se celebra? ¿Tenemos derecho a hacer esto?

La Iglesia se reúne (24, 32-35)

Camino de los hombres, palabra, compartir, y, finalmente, la Iglesia reunida. Los dos discípulos regresan a Jerusalén, al encuentro de los apóstoles, y anuncian todo lo que presenciaron. A su testimonio los apóstoles añaden la confirmación: "Realmente el Señor ha resucitado y se ha aparecido a Simón". De esta manera tenemos el círculo completo: Jesús se manifiesta en el camino de los hombres, y Pedro, el jefe de la Iglesia, puede confirmar esto, porque él mismo ha vivido la experiencia.

* * *

En este trecho del Evangelio tenemos, por tanto, el itinerario de la fe cristiana: caminos de la humanidad, palabra, compartir, Iglesia que confirma. Por encima de todo tenemos al Resucitado, que se manifiesta dondequiera que haya búsqueda y dondequiera que tenga lugar el compartir: compartir de libertad y de vida, fermentando la fraternidad y el compartir de los bienes, para que todos tengan la vida que Dios dio a todos.

Para reflexionar en grupos

1. ¿Dónde se manifiesta Jesús en primer lugar? ¿Por qué no lo reconocemos inmediatamente?
2. ¿Por qué la Biblia esclarece todo el sentido de la vida de Jesús?
3. El gesto del compartir lleva a reconocer la presencia de Jesús. ¿Por qué? ¿Hemos hecho ya alguna vez esta experiencia?
4. La Iglesia confirma la experiencia que las personas hacen de Jesús resucitado. ¿Ella confirma nuestra experiencia?
5. ¿Jesús resucitado cómo va reuniendo a su pueblo?

45
EL COMIENZO DE UNA NUEVA ERA
(24, 36-53)

El final del Evangelio de Lucas es ya la preparación del segundo volumen de su obra, el libro de los Hechos de los apóstoles. Así, para él la historia se divide en tres partes: el tiempo de Israel, el antiguo pueblo de Dios (Antiguo Testamento), el tiempo de Jesús, o el centro de la historia, (Evangelio) y el tiempo de la Iglesia o nuevo pueblo de Dios (Hechos de los apóstoles).

El último capítulo del Evangelio presenta el cimiento sobre el cual se edificará el testimonio cristiano, que difunde a todos los tiempos y lugares el testimonio de Jesús, a través de la palabra y de la acción de los cristianos. Es importante para esto la experiencia del Resucitado, la comprensión de su vida y obras, y la fuerza del Espíritu de Dios, que animó toda la vida de Jesús. De esta manera es como los cristianos serán en el mundo y en la historia el fermento que transforma y construye el nuevo mundo y la nueva historia.

La experiencia del Resucitado (24, 36-43)

Dijimos antes que el Resucitado se manifiesta en los caminos de los hombres, en la palabra, en el compartir y en la Iglesia, que confirma su presencia. Sin embargo, para confirmar la presencia de Jesús vivo, la comunidad eclesial necesita tener la experiencia del Resucitado. Es lo que sucede aquí.

Los apóstoles están reunidos y Jesús se manifiesta en medio de ellos, con el saludo: "La paz esté con vosotros". Es el saludo judío, que ahora adquiere todo su sentido: a través de su testimonio Jesús lleva a las personas a la verdadera paz, que es la experiencia de la plena libertad y de la vida, aun en medio de las luchas y persecuciones.

Los discípulos se espantan y se llenan de miedo. Piensan que están viendo un fantasma. Pero Jesús resucitado no es un fantasma o un producto de la alucinación colectiva. El es el mismo Jesús que vivió entre los hombres y fue crucificado (manos y pies). Es verdad que el Resucitado posee ahora un cuerpo glorioso, y no logramos siquiera imaginar lo que esto pueda ser. Lo que el Evangelio quiere decir es que el Jesús glorioso es el mismo, o está en continuidad, con el Jesús terreno. No significa que el cuerpo de la resurrección sea tan material como nuestro cuerpo. Tampoco es un fantasma, un humo que se disipa. No. Jesús resucitado es una persona en plena posesión de sus facultades y en la plenitud de su vida. No tiene necesidad de comer, pero tampoco es incapaz de asimilar un alimento.

La finalidad de este texto es resaltar que Jesús está de hecho vivo y presente en medio del núcleo central de la Iglesia, formado por sus seguidores. Son ellos quienes confirmarán todas las presencias de Jesús en los caminos de las personas y en todos los rumbos de la historia. Y de allí nace, por tanto,

La misión cristiana (24, 44-49)

Tal misión consiste en anunciar a todos el testimonio de Jesús, de modo que pueda confirmar todas las experiencias de Jesús que hace la humanidad. El Resucitado no es propiedad de nadie. La misión de la Iglesia es señalarlo dondequiera que esté, a fin de que todos lo reconozcan y, en la libertad, se decidan o no a seguirlo.

Para realizar su misión la Iglesia necesita comprender profundamente quién es Jesús. Y esto lo consigue a través de la lectura y el estudio de las Escrituras. No simplemente un estudio técnico del texto. Sino la lectura del texto frente a la vida y principalmente a través del testimonio de Jesús. Es Jesús quien abre la mente de la Iglesia. No de una manera mágica, comunicándole facultades especiales. La apertura de la mente consiste en ver cómo Jesús interpretó la Biblia para su tiempo. A partir de esto, la Iglesia aprende a interpretar la Biblia para el tiempo en que ella vive, siguiendo los pasos de Jesús. A partir de su lectura de la Biblia, Jesús anunció y practicó la voluntad de Dios para su tiempo. Siguiendo su ejemplo, la Iglesia lee la Biblia para anunciar y practicar la voluntad de Dios en cualquier tiempo y lugar en que viva.

¿Qué es lo que garantiza la lectura de la Biblia hecha por la Iglesia? El hecho de que ella atestigüe todo lo que sucedió con Jesús. Y esto quiere decir, comprender profundamente el testimonio del justo e inocente que choca contra las estructuras que rechazan el proyecto de Dios y condenan a muerte al justo y al inocente. Esto produce el juicio, la manifestación de la verdad, y, consiguientemente, la posibilidad de la conversión y del perdón que abren las puertas para participar en el nuevo mundo y en la nueva historia. El centro de toda la misión será siempre el anuncio y la práctica del paso pascual que lleva de la muerte a la vida, de la esclavitud a la libertad. Ser discípulo es comprender la propia vida dentro de este drama de paso que es la verdadera confirmación que Dios ofrece para todos los que buscan el sentido de la libertad y de la vida.

Pero, ¿cuáles son los recursos de los cristianos para realizar su misión? No simplemente los recursos humanos, que, aunque muchos, siempre son limitados. La gran fuerza de lo alto, que promete Jesús, es el propio Espíritu de Dios, que animó a Jesús en toda su actividad. Con él los cristianos tendrán la propia fuerza de Dios para anunciar y concretar el proyecto eterno en lo más profundo de cada uno. La libertad y la vida para todos. Es con la fuerza de este Espíritu como los cristianos podrán enfrentar todas las situaciones de esclavitud y de muerte, seguros del triunfo de la libertad y de la vida.

Jesús marcha hacia la vida de Dios (24, 50-53)

Lucas termina su Evangelio con aquello que será el comienzo del libro de los Hechos. Jesús vuelve al Padre. Es la ascensión. Significa que Jesús resucitado está ahora en la vida de Dios. ¿Lejos de nosotros? No. Por el contrario, aún más cerca, pues Dios está en lo más hondo de todos los seres, dándoles vida y libertad. El hecho de que Jesús vaya hacia Dios es la mayor garantía de que El estará en medio de nosotros.

¿Y cuándo fue la ascensión? ¿El domingo de Pascua o cuarenta días después? Son dos modos de hablar de un mismo misterio: Jesús volvió a la vida de Dios. Este paso es un todo único, que engloba la muerte-resurrección-ascensión. Es el misterio pascual.

Lo importante es que Jesús deja su bendición, que es gesto de esperanza en la vida. La respuesta a este gesto es la adoración, el reconocimiento de que la vida viene de Dios y debe siempre fructificar en más vida, para ser repartida entre todos.

Y el Evangelio termina como comenzó: en Jerusalén y en el Templo. La ciudad y el santuario eran el corazón del antiguo pueblo de Dios. También de allí es de donde partirá el anuncio y la actuación de los cristianos para todos los tiempos y lugares, formando el nuevo pueblo de Dios. De esta manera, Jerusalén y el Templo se convierten en punto de llegada y punto de partida de toda la historia.

Para reflexionar en grupos

1. Para ser Iglesia necesitamos experimentar al Resucitado. ¿Cómo fue o es nuestra experiencia de El?
2. ¿Qué es el cuerpo glorioso? ¿Es como el nuestro? ¿Cómo nos lo imaginamos?
3. La misión nace de la experiencia del Resucitado. ¿Es así como nació nuestra misión?
4. Para comprender a Jesús es preciso leer las Escrituras con la mente abierta por el propio Jesús. ¿Qué significa esto?
5. Estar con Dios es estar más cerca de todo. Comentar.
6. El testimonio cristiano es realizado con la fuerza del Espíritu. ¿De qué manera experimentamos este Espíritu?

INDICE

TALLER SAN PABLO
SANTAFE DE BOGOTA, D.C.
IMPRESO EN COLOMBIA - PRINTED IN COLOMBIA